U0090423

中國學術思想研究輯刊

三二編

林慶彰主編

第17冊

韓非解老喻老研究

張素貞著

花木蘭文化事業有限公司

國家圖書館出版品預行編目資料

韓非解老喻老研究／張素貞 著 -- 初版 -- 新北市：花木蘭文化事業有限公司，2020〔民109〕
序4+目4+182 面；19×26 公分
（中國學術思想研究輯刊 三二編；第17冊）
ISBN 978-986-518-289-2（精裝）
1.（周）韓非 2. 韓非子 3. 研究考訂
030.8　　109011251

ISBN-978-986-518-289-2

中國學術思想研究輯刊
三二編　第十七冊　　ISBN：978-986-518-289-2

韓非解老喻老研究

作　　者　張素貞
主　　編　林慶彰
總 編 輯　杜潔祥
副總編輯　楊嘉樂
編　　輯　許郁翎、張雅淋　美術編輯　陳逸婷
出　　版　花木蘭文化事業有限公司
發 行 人　高小娟
聯絡地址　235 新北市中和區中安街七二號十三樓
電話：02-2923-1455／傳真：02-2923-1452
網　　址　http://www.huamulan.tw 信箱 hml 810518@gmail.com
印　　刷　普羅文化出版廣告事業
封面設計　劉開工作室
初　　版　2020年9月
全書字數　145415字
定　　價　三二編24冊（精裝）新台幣60,000元

韓非解老喻老研究

張素貞 著

作者簡介

張素貞，臺灣省新竹縣人，一九四二年生。臺灣師大國文系文學士、國文研究所碩士，現為國立臺灣師大國文系退休教授。專長在韓非子、現代小說。《韓非子》的研究著作有：《韓非子思想體系》、《韓非子喻老篇析論》、《韓非解老喻老研究》、《韓非子導讀》、《國家的秩序——韓非子》、《韓非子難篇研究》、《韓非子的實用哲學》、《韓非子選讀》(《經子名著選讀》部分)、《韓非子選讀》。編注譯有：《新編韓非子》。

論著書目：

韓非子思想體系，民 63. 5，台北市，黎明文化公司，186 面。

韓非子喻老篇析論，民 64. 4，台北市，巨人出版社，134 面。

韓非解老喻老研究，民 65. 3，台北市，長歌出版社，272 面。

韓非子導讀（國學導讀），民 68. 4，台北市，康橋出版社，583 ～ 612 面。

國家的秩序——韓非子（歷代經典寶庫），民 70. 3. 10，台北市，時報出版公司，344 面。

韓非子思想體系（增訂一版），民 74. 10，台北市，黎明文化公司，226 面。

韓非子難篇研究，民 76. 3，台北市，學生書局，302 面（榮獲一九八八年菲華中正文化獎）。

韓非子難篇研究（增訂一版），民 77. 3，台北市，學生書局，393 面。

韓非子的實用哲學，民 78. 10，台北市，中央日報出版社，146 面。

韓非子難篇研究——韓非子的辯論術（增訂再版二刷），民 86. 8，台北市，學生書局，393 面。

經子名著選讀（部分：韓非子選讀），民 87. 2，台北市，國立空中大學，403 ～ 576 面。

韓非子思想體系，民 98，台北市，花木蘭文化出版社，186 頁（16 開）（中國學術思想研究集刊三編第 9 冊）。

韓非子選讀，民 100. 1，台北市，國立空中大學，318 頁（16 開）。

新編韓非子（上、下冊），民 90. 3，台北市，國立編譯館，1473 頁。

提　要

《韓非解老喻老研究》為民國六十五年國立臺灣師範大學國文系副教授升等論文。

《韓非子》是先秦最完整的政治思想集大成論著，其中〈解老〉、〈喻老〉是有關《老子》哲理最早的研究資料，兩篇體裁互異，立義懸殊。〈解老〉選註《老子》，疏解完善，申論精闢，多闡說醇厚的道家言論，也渲染了些許法家色彩;〈喻老〉設喻巧妙，說理深切，往往超越《老子》的思想範疇，呈現強烈的法家旨趣。

《韓非解老喻老研究》將〈解老〉、〈喻老〉原文，剖析重組，援引前後相關論述比論。章節劃分以義理為主，〈解老〉部分由道家樸質的清虛卑弱的「道體」起首，逐漸鎔入刑名思想，而至於「明法」;〈喻老〉由法家濃厚的任勢用術的「權謀」開始，逐漸淡化刑名，而至於「自持」。其中〈喻老〉「儉欲」一章及「權謀」第六節，兼採〈解老〉的相關闡釋。〈解老〉、〈喻老〉兩篇合併研究，可以詮解《史記》以老、莊、申、韓合傳，說韓非「喜刑名法術之學，而歸本於黃老」的繁複意涵。從〈解老〉、〈喻老〉的研析，可以理解道家哲理的闡發、儒家學說的申述、道法思想的會通、法家旨趣的流露、訓詁校讎的參證。從而亦可理解戰國晚期的學術思想環境，《韓非子》學說順應時勢而具有厚實的理論基礎，後代學者關於老學、韓學的研究受其影響亦值得重視。

序　言

在我國政治思想史上，《韓非子》無疑地占著相當重要的地位。他的帝王政治理想切合時代環境的需要，直接促進貴族封建制度的瓦解與中央集權制度的建立，把中國歷史推向一個嶄新的局面。秦始皇統一天下，其施政謀略雖不盡然符合韓非的思想，畢竟還是得力於韓非學說的運用。秦人驟興遽滅，雖也顯露了法家思想的局限，但漢初蕭、曹聽信召平、蓋公的意見，以持身治國，文、景崇尚黃帝、老子的主張，以御宇安邦，仍然兼融了法家的刑名之術（參閱余英時〈反智論與中國政治傳統〉；武帝雖定儒學於一尊，而見諸施行的實際是王霸雜糅之政（《漢書・元帝紀》載宣帝語）。《韓非子》縱然備受歷代學者抨擊，可是他的法家學說卻一直是支撐政治的骨幹，就我國幾千年的君國統治而言，韓非的學術思想確有其不可磨滅的意義存在，這是鐵的事實。

遠在春秋時代，儒、道兩家原本各有理想：儒家稱引先王，力倡恢復傳統的禮制；道家講求無為，冀望回歸太初的醇樸。惟有法家，獨持進化歷史觀，主張順應時勢，制定因事備變的新制度。戰國以還，諸子迫於現實需要，酌採法家理論，逐漸步入功利之途的，不勝枚舉。就是儒家的荀子、道家的慎到，也都傾向法家，成為影響韓非的重要人物。韓非除了匯結前輩法家的各派思想，也挹注不少其他各家的理論，而其最後的歸趣，仍然是集法家的大成。若究其端底，實在由於法家思想最能應合世急的緣故。我們要理解韓非淵源於儒、道，而終究完具法家獨特的風貌及其卓越的造詣，從《韓非子》整體思想的分析，他的書中〈解老〉、〈喻老〉兩篇該是最好的素材。

司馬遷作《史記》，把道家的老子、莊子和法家的申不害、韓非同篇立傳，說韓非「喜刑名法術之學，而歸本於黃老。」如此，《韓非子》書中的

〈解老〉、〈喻老〉兩篇該是「歸本於黃老」最具體的證明；於是有關這兩篇作者問題，許多人也就不加疑慮。但也有因為兩篇觀念多與〈五蠹〉、〈顯學〉、〈定法〉、〈孤憤〉等重要篇目思想衝突，懷疑是後人所偽託（見胡適《中國哲學史大綱》）；也有細究兩篇內容，以為精粗不一，懷疑係出自二人手筆（見王協《老子研究》）。一般論者往往拿〈解老〉、〈喻老〉兩篇相提並論，或認為：「韓非初治老學，後乃為法，〈解老〉、〈喻老〉未嘗以刑名為說。」（見劉咸炘《老子二鈔》）而當作是道家思想。或認為：「韓非有〈解老〉、〈喻老〉，則是以刑名為道德。」（魏源《老子本義》）便看成是法家理論。而大多數治韓非子學說的人則以為「非關宏旨」（唐敬杲《選註韓非子・緒言》），寥寥數語，就輕輕交代過去。原來〈解老〉、〈喻老〉在《韓非子》書中篇次銜接，拔茅連茹，應該合併研究，為《韓非子》本體論探索其本原與輪廓。吾人今日董理舊籍，欲對《韓非子》之書重行估價，對這兩篇，便不宜再用「闕疑」的態度，擱置一旁，不了了之；必須捐除成見，直探本原，辨明其立言的旨趣，然後才能進而運用為韓非思想研究的基礎。

素貞愚陋，從鹽城李健光老師研習《韓非子》有年；曾綴輯群言，以排比繫聯方式，歸納整理，撰述《韓非子思想體系》。既歎服韓非之才思閎博、論辯透闢，又不免感慨韓非救世心過激，為現實所囿，未能顧及儒、道恢宏深遠的哲理，而有所融通協調，為人詬詈。深覺對韓非的思想根原，仍有進一步追索的必要；而〈解老〉、〈喻老〉兩篇體例特殊，理障滋多，尤應首先深入發掘，鉤致其義脈底蘊之所在。於是參稽《老》、《莊》及其他諸子有關的理論，就文論義，以昔日歸納所得的《韓非子思想體系》逐一驗合，比較其異同，期能探明〈解老〉、〈喻老〉兩篇的旨意。因而得知：兩篇論說，雖同以《老子》五千言為對象，而事實上立義懸殊，章法亦異。〈解老〉是《老子》最早的選註，〈喻老〉是借道說法的史論。〈解老〉疏解完善，申述精闢，常能緊扣《老子》的玄宗妙諦；〈喻老〉設喻美妙，說理深切，往往超越《老子》的思想範疇。〈解老〉有某些片段，於疏解之餘，闌入法家的意念與詞語；〈喻老〉則出入道、法，左右彌縫，反應兩家思想的會通，十分透徹玲瓏。兩相對比，〈解老〉是道家言，而渲染了些許法家色彩；〈喻老〉是法家言，而兼顧不少道家的哲理。在探究道、法兩家遞衍跡象方面，〈解老〉、〈喻老〉皆有其重要價值。若由近人對馬王堆《帛書老子》之研究，可知黃老一派學者習用之《老子》本，是先德經，後道經，與〈解老〉相同；

其以「道理」代替《老子》之「道」，亦與〈解老〉一致；法家思想的融入，復與〈解老〉無異。那麼，〈解老〉與漢初黃老學派思想關係至為密切，不容忽視。

斯作於〈解老〉、〈喻老〉原文，仔細剖析，重新組織。章節劃分悉以義類理路為主，因此篇幅長短不一。在層次上，〈解老〉部分由最樸素的道家清虛卑弱哲理的「道體」起首，而逐漸鎔入刑名思想，以至於「明法」；〈喻老〉部分由最濃厚的法家任勢用術主張的「權謀」開始，而逐漸淡化刑名，以迄於「自持」。其中〈解老〉部分「儉欲」一章與「權謀」第六節，兼採〈解老〉相關闡釋。就韓非老學思想的整體而言，〈解老〉、〈喻老〉實可聯合為一單元，本論文取來合併研究，用意正是如此。文中有關《老子》與《韓非子》二書篇目概用括弧表明，遇有校改異文與典故出處，則於文末附加註語，藉便檢查。

韓非〈解老〉、〈喻老〉之作博大精深，筆者不揣譾陋，苦思冥索，悉力以赴，但願千慮一得，有助韓非學術思想之研究於萬一。惟限於學殖，牴牾掛漏，自知難免，還望博雅賢達，不吝賜正。

中華民國六十五年三月張素貞謹序

目次

第一章　道　體

《老子》哲學的深邃宏偉，在於他有一套完善圓融的本體論。我國哲人向來重在內心的感應，對於宇宙萬象的關注，不似希臘哲人偏向物的探究，而發展為科學知識；他們上體天道，再由對天道的體認，發揮為人生哲學。儒家倡議「天人合一」，認為天慈愛萬物，人性本善，應該上體天心；墨家倡言「天志」，確信上天操攬生殺大權，君臨天下，不可親近。唯獨老子，能以深邃的智慮，跳出唯心的範疇，以理性的思維，超脫運命、宗教的觀念，建立了他完密的本體論〔註1〕，做為各種哲理的論理基礎。《韓非子．解老》，著眼人生哲學與政治理論，大致是對「形下之用」的探討；獨廿七、廿八、廿九三節是對「形上之道」的闡發，它的「本體論」精粹耐玩，極有參考價值。

一、道體為無

《老子》經過縝密的思辨，肯定天地萬物的生成，必有它所以生成的總原理，它是宇宙的本源，它就是「道」。

這個「道」，原是渾樸一體的，它不是人類的視覺、聽覺、觸覺所能感受到的。這個「道」，看來很像虛無，卻又隱藏著無限的生機，天地萬物都由它轉化而生成。《老子》說：

> 有物混成，先天地生。（廿五章）
>
> 視之不見，名曰「夷」；聽之不聞，名曰「希」；摶之不得，名曰「微」。此三者不可致詰，故混而為一。其上不皦，其下不昧，繩繩不可名，復歸於無物。是謂無狀之狀，無物之象，是謂惚恍。（十四章）

〔註1〕參閱王邦雄《老子哲學研究》。

道之為物，惟恍惟惚。惚兮恍兮，其中有象；恍兮惚兮，其中有物。窈兮冥兮，其中有精；其精甚真，其中有信。（二十一章）

道的初形，原是「混成」的，若稱它為「一」，有時還更能賅括它的渾沌狀態，《老子》常說要「抱一」（十章、二十二章、二十七章）、「得一」（卅九章），都指的能掌握這種道體最初始的動力。它既是「恍惚」，便是一種「似無若有」的狀況，而這種「有」，事實上並沒有明確的形體，所以說是「無狀之狀」、「無象之象」〔註 2〕。二十一章所敘述的「有象」、「有物」、「有精」，幾乎就是對於萬物逐漸成形的過程的一種細密分析，最末一句「其精甚真」便是畫龍眼睛，使全文躍動了起來。我們如果將《老子》所說的「天下萬物生於有，有生於無。」（四十章）倒過來看，不就是同一個道理？「無」是道體將變而未變的那種「無物之象，無狀之狀」，是天地生成之始；「有」是道體已變而猶未成具體事物的那種「有物之象，有狀之狀」，是天地生成之母〔註 3〕。

《韓非子・解老篇》第廿八節，闡釋「無狀之狀，無物之象」說：

人希見生象也，而得死象之骨，案其圖以想其生也，故諸人之所以意想者皆謂之象也〔註 4〕。今道雖不可聞見，聖人執其見（現）功以處見（現）其形。故曰：「無狀之狀，無物之象。」

這段話，撇開對於道體演生萬物的過程的分析，而以巧妙的譬喻，說明聖人以一知萬，以古究今的推理工夫。執簡馭繁，雖不中亦不遠。大道既為萬物所自出，其形渾沌混一，不可聞，不可見；但由宇宙萬物的具體形態，也可以揣測大道之形亦方亦圓，無所不可。本來，因為《老子》的道體是「混而為一」（十四章），所以說是「無狀之狀」；又因為道體是「大象無形」（四十一章），所以說「無象之象」。〈解老〉將《老子》用來形容道體的表態句式，發揮為推理的論說，表面上似乎並沒有多大出入，實際上已經有意要人從萬象中去追索道源，去把握原則，這是所謂「知子守母」（五十二章）〔註 5〕的人生哲學。換言之，〈解老〉已把老子的本體論運用到人生層面哲理的發揮了。而且，我們若進一步細加推敲，〈解老〉所謂「聖人執其見功以處見其

〔註 2〕「無物之象」，蘇轍、李道純、林希逸、吳澄、董思靖各本作「無象之象」，於義為長。就韓非〈解老〉所敘，亦當作「無象之象」。

〔註 3〕「無」與「有」之說，見王邦雄《老子哲學研究》。

〔註 4〕諸，凡也。「所以」，疑「以」字當衍。

〔註 5〕《老子》五十二章：「天下有始，以為天下母。既得其母，以知其子；既知其子，復守其母，沒身不殆。」

形」，除了是老學以一知萬的推理而論，還隱含有法家重事功、求參證的意味在內。

二、道體絕對

道體是絕對的，渾成寂寥，閃爍不定，深遠暗昧，不易辨知。亦虛亦實，必兼無與有。王弼《老子》十四章注：「欲言『無』邪，而物由以成；欲言『有』邪，而不見其形。」《老子》的道體並非虛空無有，它由「無」而生「有」，由「一」而生多，萬物滋衍而出，樸散而為器，便有了種種相對的意義。《韓非子．解老》第廿七節說；「道者，萬物之所然也，萬物之所稽也。理者，成物之文也；道者，萬物之所以成也。」萬物各有不同，道卻是萬物化生的總根源；宇宙間有無數的道理，道又是無數道理同出的總根源。這萬物與萬理是明晰可見、朗顯可論的，既是如此，含融萬物萬理的道必然要有超乎「被劃定」的質能，才能做為最初始的本源。道是絕對的，而所有的物與理都是相對的形與名，一落言筌，便不復是初始渾沌混一的道體。近人劉咸炘《老子二鈔》云：

> 夫道本絕對，非止相對，相對特其既形之勢耳。……但絕對超乎相對，而實不離相對。即道即器，即一即多，既有形名，便是相對。故絕對不可直言，惟有借相對之言，交互以名之，故言無言一言虛；絕對不可直求，惟有依相對之勢，逆轉以求之，故言陰者柔言靜言退。夫無與有對，一與二對，虛與實對，陰柔退靜與陽剛動進對，實皆相對，何嘗是絕對？故知此乃方法而非目的，此乃其用而非其體。

劉氏說明：絕對的道體僅是借種種相對的形體來加以描摹，實則各種相對性的形名所能鋪敘的也只是道體的運用與追求道體的方法而已，並非道體本身。因此《老子》第一章才要明白揭示；「道可道，非常道。」目的正是要表明道體那種超越一切的絕對性。

《韓非子．解老篇》第廿九節，也針對《老子》首章首二句「道可道，非常道」細加闡釋：

> 凡理者，方圓、短長、麤靡、堅脆之分也。故理定而後物〔註 6〕可

〔註 6〕乾道本「後」下無「物」字，迂評本、藏本有，據王先慎《韓非子集解》之說補。

得道也。故定理有存亡、有死生、有盛衰。夫物之一存一亡，乍死乍生，初盛而後衰者，不可謂常。唯夫與天地之剖判也具〔註7〕生，至天地之消散也不死不衰者謂常。而常者，無攸易，無定理。無定理，非在於常所，是以不可道也。聖人觀其玄虛，用其周行，強字之曰「道」，然而可論。故曰：「道之可道，非常道也。」〔註8〕

所謂「方圓、短長、堅脆」便都是相對的道理，已不是絕對的道體；所謂「存亡、死生、盛衰」便是多變，已不是恒久不變的常道。《莊子》所謂「道無終始，物有死生。」〔註9〕最能表達道體的綿延無垠與生物短暫渺小。我們所能用言語表達的只是相對的形名，變化的物象，這與「常道」還有相當的差距。即使「道」這個名詞，也只不過是勉強命名而已。《莊子》說得好：「道不可聞，聞而非也；道不可見，見而非也；道不可言，言而非也。」〔註 10〕〈解老〉認為「道」所以「不可道」，就因為它是「無攸易，無定理，非在於常所」。

宇宙的本體是永恒的、獨立的，永恒之中有變化，變化之中有永恒。《老子》廿五章說：「有物混成，先天地生。寂兮寥兮，獨立不改，周行而不殆。」所謂「獨立不改，周行而不殆」便是指道體的永恒性。但是大道是化生天地萬物的總依據，所有的事理都來自大道，含藏萬理的道體又不能不隨著改變，《韓非子・解老》第廿七節說：

物有理，不可以相薄；物有理不可以相薄，故理之為物之制。萬物各異理而道盡稽萬物之理，故不得不化；不得不化，故無常操。

正因為萬物各有不同的理，而道要綜合萬物的萬理，所以是「無定理」。從這個觀點看，「無攸易」指的是道體的恒久性。而由於樸散為器之後，便成萬物，自具萬理，但道體卻又是無時不在運轉，《老子》說：「……字之曰道，強為之名曰大，大曰逝，逝曰遠，遠曰反。」（廿五章）由逝而遠，正是道體周而復始的運行中的「多變」，此時的道是「無定理」，也是「非在於常所」的。照這麼說，〈解老〉的「常」，一則承上文指普通定義的「不變」，一則乃是涵蓋「常道」。也唯有如此，才能既「無攸易」又「無定理」，不覺其矛盾；而由於這個「常」指的是「常道」，「常道」有變化的一面（非在於常所），才會

〔註 7〕具，他本作「俱」，聲義同。

〔註 8〕今本《老子》無「之」與「也」字，皆虛詞，義無不同。

〔註 9〕見〈秋水篇〉。

〔註10〕見〈知北遊篇〉。

不可言說（不可道）。「無攸易」指的是本體的永恒不變，「非在於常所」指的是永恒之中的變化，二者並不衝突，相反的，極盡道體的特色，〈解老〉的闡釋精善絕倫。

〈解老〉所謂「聖人觀其玄虛，用其周行，強字之曰道」數語，可以由《老子》廿五章找出線索：道體先天地生，渾樸混成，既是「寂兮寥兮」，故用「玄虛」來解說；既是「周行而不殆」，「周行」乃是直接襲用。《老子》說：「吾不知其名，字之曰道，強為之名曰大。」〈解老〉「強字之曰道」，多加一「強」字，義更明晰。陳柱《老子韓氏說》，對〈解老〉第廿九節的文字有過讚揚：

> 注按：《韓非》此解最得老子之指，蓋《老子》以無對待者為道，而一切有對待者皆非道，對待者，有無、大小、長短、高下之類是也。無對待則不可言說，可言說則必出於對待，有對待則大者不能常大，小者不能常小，高者不能常高，下者不能常下。故曰：「道可道，非常道。……」必常道而後可以謂之道，然一應道名，則有非道者矣，則有無已成對待，而道亦非道矣。故道之一名，亦勉強名之而已，故曰：「強字之曰道。」今本《老子》第二十五章作「字之曰道」，無「強」字，不如韓非古本遠甚。「常道」即道，冠以常字者，以見一著言說，道尚非道，況其他乎！

由道體的絕對性，論及勉強立名的用意，極為公允妥貼，可以補證本篇的立說。

三、古始道紀

〈解老〉第廿七節，由道體的虛無、絕對，談到人們體道的深淺而影響成敗的問題。它並沒有明顯的引文，點明是闡釋《老子》第十四章，但蛛絲馬跡，仍有脈絡可尋。為求明晰，筆者將原文變更層次，條敘於后。

形而上的道體，是我們感官所無從認識的，《老子》說它是「視之不見」、「聽之不聞」、「搏之不得」（十四章）。這不可思議的道體，顯現在經驗界的表象，往往與道體的實質似若相反，難以捉摸。〈解老〉說：

> 以為近乎，遊於四極；以為遠乎，常在吾側；以為暗乎，其光昭昭；以為明乎，其物冥冥。

就道體的飄忽無定而言，前四句不正是《老子》所謂「迎之不見其首，隨之不見其後」？就道體表象與實質不同而言，末四句不正是《老子》所謂的「明道若昧」、「大象無形」（四十一章）？

〈解老〉對道體的認識是精到的：

道者，萬物之所由也，萬理之所稽也。理者，成物之文也；道者，萬物之所以成也。故曰：「道，理之者也。」物有理，不可以相薄；物有理不可以相薄，故理之為物之制。……功成天地，和化雷霆，宇內之物恃之以成。

道是萬物化生的總依據，也是萬理所同出的總根源。它是使宇宙萬物萬理不致混雜淆亂，而能系統化、有條理的組織起來的東西。因為有它，天地得以造設，雷霆得以調和，宇內萬物得以形成。這番論說，把《老子》形而上的抽象的道體，用最明晰的語詞，道盡了它的作用。由此也可見，道為萬物之本，道無所不在，《莊子‧知北遊》說：「（道）在螻蟻」、「在稊稗」、「在瓦甓」。事實上，萬物也正因為擁有了道，才能各自顯出自己的特質，這就是「德」呀！〈解老〉說：

天得之以高，地得之以藏，維斗得之以成其威，日月得之以恒其光，五常得之以常其位，列星得之以端其行，四時得之以御其變氣，軒轅得之以擅四方，赤松得之與天地統，聖人得之以成文章。

這是從正面敘述得道「逞能」的情況。而物有生死，事有興廢，這些相對的結果，也都是出自絕對的道體。道體是客觀的存在，沒有意識，沒有主觀，它既是萬事萬物的總依據，自然要能涵融一切，隨物適變，沒有定制，也沒有定形。〈解老〉說：

萬物各異理而道盡稽萬物之理〔註11〕，故不得不化；不得不化，故無常操；無常操，是以死生氣稟焉，萬智斟酌焉；萬事廢興焉。……道，與堯、舜俱智，與接輿俱狂，與桀、紂俱滅，與湯、武俱昌。……凡道之情，不制不形，柔弱隨時，與理相應。萬物得之以死，得之以生；萬事〔註12〕得之以敗，得之以成。

物之或死或生，稟氣有厚薄，都是得自於道；智慮或高或低，都是取自於道；事之有成有敗，都是基因於道。大道與人同在，不分智狂，不分賢暴，道只是客觀存在，而為一切的本源。《荀子》的〈天論〉，把天看成客觀的「自然」，

〔註11〕本句舊斷為「……而道盡。稽萬物之理，」義稍遜。茲從陳啟天《韓非子校釋》採《翼毳》句讀。

〔註12〕事，原本作「物」，依盧文弨《群書拾補》改。

不受人間政治的干擾，照常循著永久不變的軌道運行，他說：「天行有常，不為堯存，不為桀亡，應之以治則吉，應之以亂則凶。」他確認世事吉凶全係人為因素，而與天道無干。〈解老〉以為道體渾涵一切，是非善惡皆不脫大道，智狂賢暴也都與道俱存。這個論點從老學直接伸衍，與《荀子》設意接近，只不過《荀子》旨在辨明天道與人事無關，好發揮他人定勝天的議論；〈解老〉卻是站在老學本位，扣緊大道渾成乃是萬物萬理總根源的論點。這說法很貼切，是發皇老學難得可貴的精論。

《莊子．漁父篇》也有一段「得道則生」的話：

> 道者，萬物之所由也，庶物失之者死，得之者生，為事逆之則敗，順之則成。

它與〈解老〉有著相同的句式，立意卻大相逕庭，所言並非萬物本源的道體——客觀無意識的道體，而是有曲直是非的行事軌則了。〈解老〉所謂「得之以死」、「得之以敗」，是要強調，「死」與「敗」也涵融於大道之中，是大道的一體；《莊子》所謂「失之者死」、「逆之則敗」，則是指萬物未能順應天道的結局。〈解老〉所敘的「道」，是宇宙的本體；〈漁父〉所敘的「道」，卻已是宇宙本體的「道」落實到人生層面之後，人們奉行的指標。由於內涵不同，結論便完全相反。

儘管〈解老〉對《老子》的本體論發揮精詳，作者的關注還是不能避免地牽引入人生哲學。正如《老子》十四章由道體的鋪敘，歸入「道紀」一般，〈解老〉廿七節後半也由道體的隨時適宜、柔弱順應，提出道的運用得宜與否，影響個人的生死成敗，而與道體無干。因為道只是客觀的存在，毫無意義，毫無私心，真正生死成敗的關鍵還在人：

> 道譬諸若水：溺者多飲之即死，渴者適飲之即生；譬之若劍戟，愚人以行忿則禍生，聖人以誅暴則福成。故曰：「得之以死，得之以生；得之以敗，得之以成。」〔註13〕

取道的多寡，行道的正偏，足以左右一個人的生死與禍福，其關鍵不是道體，而在於人的運用。既然強調人為因素，便有綜觀古今，善體天道，用諸行事的意義在內；又因為〈解老〉下一節解釋「無狀之狀，無物之象」是《老子》十四章的文句，清人顧廣圻、王先慎等都認為〈解老〉第廿七節乃是解釋《老子》十四章「能知古始，是謂道紀。」衡諸文章的前後脈絡，與《老子》十

〔註13〕「曰」字原脫，依王先慎《集解》補。引文今本《老子》無，當係佚文。

四章同樣是由道體談到道紀，雖然引文不見於今本《老子》，它的立意是相貫的，前人的說法不無理由。

若從《韓非子》的其他篇目來探尋線索，〈難二篇〉所謂：「蹇叔處干而干亡，處秦而秦霸」，就是「得之以敗，得之以成」的事例〔註 14〕。蹇叔是同一個人，用與不用全在國君，其所以成敗，全看國君能不能用賢。其他如商鞅不用於魏而用於秦，韓信不用於楚而用於漢，秦之所以霸，漢之所以興，正是君主掌握了不世出的人才。〈解老〉的本文，由道體的涵融生死成敗，到人生論的人為因素主宰生死禍福，它的立說圓融可取，精湛耐玩。

陳鼓應先生曾批評〈解老〉「道譬諸若水」以下的文字，立旨與《老子》無關，他說：

> 在《老子》書上，只說過得到「道」，萬物可以生可以成，卻沒有說過得到「道」會「死」、「敗」的。韓非這段話只能當作他自己的說法，與《老子》無關。〔註 15〕

愚以為，〈解老〉引述的可能是《老子》佚文，別有所本。而幾句「得之以死、生、敗、成」的「得」字，該看作「具有」解，它的重點在闡明萬象不拘生、死、成、敗，都是「道」的一種情態，好證成「道者萬物之所然也，萬理之所稽也」的立論，前後貫串，倒很能發揮《老子》的本體論，很有參考價值。

此外，《韓非子・主道篇》也有近似「道紀」的理論：

> 道者，萬物之始，是非之紀也。是以明君守始，以知萬物之源；治紀，以知善敗之端。故虛靜以待之，令名自命也，令事自定也。虛則知實之情，靜則知動者（之）正。有言者自為名，有事者自為形，形名參同，君乃無事焉，歸之其情。

道是萬物的本始，這與〈解老〉「道者萬物之所然也」、「道者萬物之所以成也」義正相同。道是是非的準則，這與〈解老〉「道譬諸若水」以迄文末的人生論又復一貫。值得注意的是：〈主道篇〉乃是借道家虛靜無為的理論來申述法家人君御臣的治術。它的虛靜與道家不同：道家要無思無欲，法家卻不壓抑思慮意欲。心無成見就是虛，行動不躁就是靜，依韓非的主張，國君能去其好惡就是能虛，能按法治眾就是得其靜〔註 16〕。它的無為也與道家迥異：道家

〔註 14〕陳奇猷《集釋》引高閬仙氏語。見其書頁 368。
〔註 15〕見《老子今註今譯及評介》，頁 272。
〔註 16〕參閱陳奇猷《集釋》，頁 71。

的無為是純任自然，絕意干涉，使百姓各遂其生，各安其業。韓非的無為之術卻是要守法責成，使臣子各用其能，竭智勞慮，分層負責，而國君安享成名；並且要掩情匿端，使臣子莫測高深，達到潛御群臣的目的〔註 17〕。因此韓非的虛靜無為只是表象，實質上是用為達到最徹底控制臣子的一種手段。而且，〈主道篇〉所運用的執古御今的古始道紀，正是法家綜覈名實的參伍督責之術。

由上文看來，〈主道篇〉的主張與韓非的思想無一不合，因此，儘管治《韓非子》的人疑慮不少，筆者認為即使不能遽然斷定是韓非的作品，至少是法家的著述。理由是：從申不害、慎到以下的一些法家都有受道家思想影響的痕跡，〈主道篇〉借道家理論來發揮法家思想，正可以證明道家思想也是法家淵源呢！從這觀點看，〈解老〉第廿七節雖只談及人生論，沒有形名術的跡象，運用詞語既與〈主道篇〉相同，很可以看成是道家思想蛻化為〈主道篇〉等法家實際治道的一個演化進程。

〔註 17〕參閱拙作《韓非子思想體系》，頁 108～113。

第二章　論　德

〈解老〉起首九節，是依序解說《老子》第卌八章（〈德經〉首章）論德的文字。它的立意大都忠實於原作，間或攙附己見，也包含不少儒家的見解。韓非以一個出自儒門的法家集大成者，他對《老子》的疏解，有這種駁雜的現象，該是可以理解的。本文試彙舉有關資料，排比驗合，較其異同，辨析旨趣，藉此窺探〈解老〉道德觀的底蘊。對於道、法之遞衍，儒、法之流變，也許可以探測出一些線索來。

一、上德不得

《韓非子．解老》，首先解的便是德經第一章，它對「上德不德，是以有德」的闡釋是這樣的：

> 德者，內也；得者，外也。「上德不德」，言其神不淫於外也。神不淫於外則身全，身全之謂德。德者，得身也。凡德者，以無為集，以無欲成，以不思安，以不用固。為之欲之，則德無舍；德無舍則不全。用之思之，則德不固，不固則無功。（不全）無功則生於德〔註1〕。德則無德，不德則有德。故曰：「上德不德，是以有德。」

依本文的意思：有最高德行修養的人，無所馳求，無所冀得，因此具備了最高的德行。這種人無所作為，沒有嗜欲、不費思慮、不勞心神，那必是循道而行，因任自然的了。這段解釋文字，最重要的關鍵在於將「不德」的「德」字通假為「得」。後半段「無功則生於德」的「德」字，以及「德則無

〔註1〕「無功則生於德」，「德」假借為「得」。王先慎《集解》疑「無功」上脫「不全」二字，意謂：身之所以不全，事之所以無功，皆由於欲有所得於外也。

德，不德則有德」的「德」與「不德」，也都該看成「得」字的通假。「德」就內而言，「得」就外而言。內心或精神上有所得叫做「德」，外物方面有所得叫做「得」〔註 2〕。道家主張宗法自然，以心神不外馳、不外騖、無為無欲、全身保真為有德。一般人放佚心神，追逐外物，冀望有所獲得；道家卻要汰除物欲，使精神不浮露在外，不受外物的誘惑。排除了對外物的冀得之心，能全身保真，便是有得於己，是精神上的自足，也就是有德了。倘若受物欲的激引，有所營為，有所意欲，「德」便沒有了著落；費思慮，用心神去冀求有所獲得，「德」便不能鞏固。如此自然不可能全身保真、積德有成，其癥結所在，正是冀望有所得啊！因此〈解老〉的結論是「得則無德，不得則有德」。

《韓非子・解老》是現存解釋《老子》哲學最古的資料。「德者得也」的音訓方式，後代雖然廣泛採用〔註 3〕，對於「上德不德，是以有德」的闡釋，卻沒有和〈解老〉完全符合的。陸德明〈老子釋文〉在「德者得也」之下說：「道生萬物，有得有獲，故名〈德經〉四十四章，一本四十三章。」他的說法與「上德不德」並不相干。王弼《老子注》標明「德者得也」之後，又說：「上德之人，唯道是用，不德其德，無執無用故能有德而無不為，不求而得，不為而成，故雖有德，無德名也。」不僅「德」與「得」毫不相涉，立意與韓非也完全相左。王弼強調上德之人依道而行，以無為用，以虛為主，雖有其實，不居其名。正因為不居其名，反而能達到最高的境界。他所謂「不德其德」，上字的「德」該看成意謂動詞，「不認為自己的德行是德行」與韓非藉「外有得於物」以影射「內有得於己」（得身）的立意自然不同。不過，他的說法後人襲用的倒是不少〔註 4〕。

《老子》本文「上德不德，是以有德；下德不失德，是以無德。」原是

〔註 2〕見王煥鑣《韓非子選》。

〔註 3〕「德者，得也。」古書往往以「得」字解「德」，見王弼《老子注》、《禮記・樂記》、《廣雅・釋詁》三、陸德明《經典釋文》、《釋名・釋言語》。《禮記・鄉飲酒義》：「德也者，得於身也。」韓愈〈原道〉：「足乎己無待於外之謂德。」《說文通訓定聲》解悳（按即道德之德本字）說：「外得於人，內得於己也。」皆取意於此。

〔註 4〕張默生《老子章句新解》：「上德的人，對人有德而不自以為德，所以才有德。」
嚴靈峰《老子達解》：「上德的人不自以為德，所以纔是有德。」
王煥鑣《韓非子選》：「德行最高的人修養有得，但他並不自以為有德。」

兩個對立的句子。余培林先生《老子讀本》將「不德」與「不失德」解為「無心求德」與「有心求德」，斟酌王弼「(不)自以為有德」的解說，縮小〈解老〉「馳求」的範疇，可以說是折衷二家之言。就個人修養而言，「不德」看成「不德其德」，不僅是對一般人好鶩冀得的心理的矯正，進一層從根本上端正貪慕虛名的觀念，在立意方面遠較〈解老〉來得深刻積極。從《老子》有無相生、禍福相倚伏的觀點推想，「不德」解為「無心求德」倒也直截了當。最高的道德，本質渾樸純一，雖未刻意求德，而德自在其中。既扣緊「獲得」之意，又不離「德行」的本義。〈解老〉所謂「上德之人，其神不淫於外」，向外有所求，固可指「物質」，與精神相對，物欲愈大，精神越不能保全；但也可以是精神上的追求，這種精神上的追求往往戕害身心於無形，要想保全完整的純真的自我便很難，更談不上有德了。物欲是逐利，求德是求名，它同樣是有害於個人的修為，違反自然，不合大道。《韓非子．解老篇》第十七節提及耳、目、鼻、口等空竅就如精神的門窗一般，倘若精神藉著耳、目向外洩馳，耽嗜聲色，精神就要耗竭，內心就沒有了主宰。因而強調精神不能不內斂，思慮不能不精純〔註 5〕。很可以作為「其神不淫於外」的註腳。當然，〈解老〉所謂的「得」，幅度還是相當廣的，為求能「得」，作者用了四個動作「為、欲、思、用」；而所謂「神不淫於外」，也就是「無為、無欲、不思、不用」，純任自然了。

在《韓非子》的重要篇目裡，由於《韓非子》確信人性自利，無法論德；歷史進化，德治已經不合時宜，因而一味崇法尚術，對傳統的「德」很少論及。相反的，他對儒家的修德論文，道家的輕物貴生，還有相當激烈的詆斥〔註 6〕。像「通蔽天地，德極萬世」(〈用人篇〉)以及「上下交順，以道為舍。故長利積，大功立，名成於前，德垂於後，治之至也。」(〈大體篇〉)不以霸王為最高境界，而以「道」與「德」連用，顯然道家的意味重於法家，它與〈五蠹〉、〈孤憤〉等思想系統似不盡同。陳啟天先生將它們另歸一類，便是有見於此。客觀的說，〈解老〉首段這些文字，是道家言論。我們沒有足夠的論據，推翻前人列為韓非原作的事實。倘若一定要據以探求《韓非子》由道

〔註 5〕詳本書「無為」章。

〔註 6〕〈顯學〉：「夫聖人之治國，不恃人之為吾善也，而用其不得為非也。恃人之為吾善也，境內不什數；用人不得為非，一國可使齊。為治者用眾而舍寡，故不務德而務法。」
〈五蠹〉：「上古競於道德，中世逐於智謀，當今爭於氣力。」

家轉化為法家的跡象，那麼，〈解老〉「無欲」之說似乎有壓抑物欲，預先作一個理論基礎，好強調國家法禁第一的作用。陳奇猷《韓非子集釋》便這麼說：「以韓非之思想觀點言，此節要旨，謂人不求得，則不為奸非，而不犯法禁，故心平氣和而德裕於心。」法家並不太強調個人的修為，如果論「德」，不過是「不貪嗜欲」、「不妄作為」，運用於政治統馭方面，便是能培養兢兢守法、敬上畏事的儉樸之民。不過，陳奇猷的解說仍然是引申發揮；就〈解老〉原文細加賞玩，除了「不固則無功，無功則生於德」，涉及「功用」，類似法家功利的觀點，其他倒是都能貼合道家思想呢！

二、上德貴虛

〈解老〉第二節，解釋「上德無為而不為」，與一般的傳本不同，提出了「虛」的重要，冀望能超越「作為」，不受牽制，而自然達到最高的道德境界：

> 所以貴無為無思為虛者，謂其意無所制也。夫無術者，故以無為無思為虛也。夫故以無為無思為虛者，其意常不忘虛，是制於為虛也。虛者之無為也，不以無為為有常，不以無為為有常則虛，虛則德盛，德盛之謂上德。故曰：「上德無為而無不為也。」〔註7〕

人們重視「無思無慮」，認為是一種清虛空明的境界，主要是說心意能不受任何事物的牽制。倘若能夠不把「無為」看作是天地間永久不變的質性，道與德常存於天地之間，不生不滅，不盛不衰，可說是有「常」〔註8〕，聖人如果做到了「體道無為，而又忘無為之為常道」〔註9〕，能切實實踐「無為」，卻又不致念念不忘於「無為」，才真是達到清虛的境界，這樣子隨心所欲，自然合德，既能清虛，德行也美盛，所以說：有最高德行修養的人是沒有什麼「作為」與「不作為」的啊！

牟宗三先生於其《才性與玄理》一書中，解釋老子「天地不仁，以萬物為芻狗」（五章）說：

> 「天地不仁」之「不」，不是「莫」，即不是與「適」對立之另一邊。特顯仁親，有偏愛，是一邊；否定仁親而特不仁，亦是一邊。故此「不仁」非殘忍之意也。凡邊見對立，皆有主有適，皆足成窒塞。

〔註 7〕今本《老子》「無不為」作「無以為」。本文解說與一般不同。
〔註 8〕詳〈解老〉第廿九節。
〔註 9〕詳陳啟天《校釋》，頁 723。

故「天地不仁」是超過仁與不仁之對待而顯一絕對之冲虛。

如果我們借用牟先生的話，來理解〈解老〉，那麼，〈解老〉是意在表明：上德是超過「為」與「不為」之對待而顯一絕對之冲虛。

《荀子・解蔽篇》有一段說明「虛」的文字：

> 故治之要，在於知道，人何以知道？曰：心。心何以知，曰虛壹而靜。心未嘗不臧（藏）也，然而有所謂虛。……人生而有知，知而有志；志也者，臧（藏）也，然而有所謂虛。不以所已臧（藏）害所將受，謂之虛。

《荀子》意謂人必須謙懷虛心，不志得意滿，才能多所承受，不被積習蒙蔽。這種虛，並不排斥舊有的經驗（也就是所謂的「已藏」）。《老子》說「致虛極，守靜篤」（十六章），道家是講究「虛靜」的。〈解老〉本文說明「無為無思」才是「虛」，強調「意無所制」，意念毫不專主，毫不受牽制。要人保持一種不作為、不思慮，意念全無的真空狀態。這種狀態還必須是自然而然，不假形式，不拘形跡的；倘若刻意去做「虛」的工夫，便不是「真虛」。《莊子》說「魚相忘乎江湖」〔註 10〕魚之游水，人之呼吸空氣，都是不須作為，毫無所覺，自然而然的。〈解老〉這番詮釋純粹是道家言，它與《荀子》立意顯然不同。

《管子・心術篇》也有一段釋「虛」的文字：

> 夫聖人無求也，故能虛，虛而無形謂之道。……去知則奚求矣，無臧（藏）則奚投矣。無求無投則無慮，無慮則反覆（復）虛矣。〔註 11〕

認為去知無藏便能無慮，也就能達到清虛的境界，立說與〈解老〉本段近似，也是純道家言，難怪考證家要指明〈心術篇〉是宋銒遺書了。〔註 12〕

《道德》五千言，不見一個「術」字，實因《老子》不談機詐技巧，寄望人能歸真返樸。〈解老〉說：「無術者，故以無為無思為虛也。」指出有意為虛，故作「無為無思」，便是「無術」之人。就廣義來說，可將「術」字看為「道德」，仍不失道家玄旨。至於以「法術」視之，便是認定韓非法家思想依託於《老子》，立意自然不同。陳奇猷說：「術字不誤。謂無法術者不能真

〔註 10〕見《莊子・大宗師》。

〔註 11〕「奚」下原有「率」字，誤衍；「投」原作「設」，形誤。據許薑臣《管子集斠》校改。

〔註 12〕詳《管子集斠》，頁 633。

得無為無思，乃故作無為無思，則人將得見其為其思矣。〈主道篇〉云：『虛靜無事，以闇見疵』，乃真能無為無思者也。」〔註 13〕事實不然。因為《韓非子》所主張的法家君主「虛靜無事」，並非真的「無為無思」，而是故作「虛靜」，不表現智巧，不讓臣子窺測自己的好惡，運用形名之術，督責臣子分層負責，自己好居於隱秘的角度明察臣下的種種毛病，那真是煞費心機技巧的，和〈解老〉所謂「其意無所制」的立意大相逕庭。所以本句若依陶鴻慶《讀韓非子札記》之說，改「術」字為「德」字，便是貫串一氣；不然，也只能以「道術」來解釋了。

有關「上德無為而無不為」一句，一般都用《老子》卅七章「道常無為而無不為」以及四十八章「為學日益，為道日損，損之又損，以至於無為，無為而無不為」同樣的解法，看成：「道體虛靜，經常是無所作為，但實際上是無所不為」〔註 14〕。就道的原則言是「無為」；就道的效用言，是「無不為」。不過，〈解老〉這段文字，「無不為」若解作「無所不為」便嫌牽強，它指的是「上德之人無心作為，也無心戒己有所不為。」是道家「虛靜」哲理的發揮。即使是一般所解的「無為終究能無所不為」，也只是不期然而然的效用，與法家有意「故作無為」，運用密術，而達到「無所不能為」的目的，居心亦自不同。

今本《老子》「無不為」作「無以為」，俞樾認為該據韓非〈解老〉之文改正；陶鴻慶認為下句「下德為之而有以為」，「以」字也應據此改為「不」字，張默生、嚴靈峰先生註本贊允其說。嚴先生援引《孟子・離婁下篇》：「孟子曰：『人有不為也，而後可以有為。』」認為正是《老子》所謂的「下德」，主張句子當採納陶鴻慶的說法，作：「下德為之而有不為」，與上句反正互明，由於「下德」一句，《老子》石刻原有缺泐，韓非《解老》又只釋「上德」，說者頗不一致。不過，我們從魏王弼的《老子注》文，還是可以略窺其中的消息：

> 上德之人唯道是用，不德其德，故能有德而無不為，不求而得，不為而成，故雖有德而無德名也。下德求而得之，為而成之，則立善以治物，故德名有焉。求而得之，必有失焉；為而成之，必有敗焉；善名生，則有不善應焉，故下德為之而有以（陶鴻慶曰：「以」當作

〔註 13〕見《韓非子集釋》，頁 328。
〔註 14〕說略本余培林《老子讀本》。

「不」）為也。

上德「無不為」「不為而成」，下德則是「為而成之」、「為之而有不為」。那麼，一則是「無不為」，一則是「有不為」是可以論定的〔註15〕。只是王弼用「下德」來綜括「仁義禮節」，他的本子原作「下德為之而無以為」；下文「無所偏私」、「無所偏為」都是用來解釋「無以為」的，所以才說「足及於無以為，而猶為之焉，為之而無以為，故有為為之患矣」〔註16〕，這是很微妙的，不能不辨。

陳柱《老子韓氏說》，曾就〈解老〉一二則有過批評：

《韓子》釋「上德無為而無不為」一語尤堪注意。……其意以為必虛則不虛，不必虛則虛，必無為則不能無為，不必無為則真能無為也。進一步言之，則無不為而後能無為矣。此其意乃與《老子》大異。《老子》之意乃謂因萬事萬物之自然而為之，不費教諭，不勞勉強，故曰處無為之事，行不言之教，不待言而勸，不待勉而成，故曰無為而無不為也，故《老子》謂無為而無不為。而韓非竟謂無不為而無為矣。其與老子相倒如此，斯《韓子》所以異乎《老子》所由去道而入法也。

剖析〈解老〉的立意，比較老、韓二家的殊異，都很深刻。不過，他認為〈解老〉設說與《老子》原旨本末相反，這點卻值得商榷。在本段文字裡：「不以無為為有常則虛，虛則德盛，德盛之謂上德」，說明上德能虛之人，不固執己意，或「無為」或「有為」，這個「有為」，也即是「無『不為』」（沒什麼該做不該做的限制）。它與法家為達成「無不為」的目的因而「無為」的思想，仍然有相當大的距離。就文義判斷，〈解老〉本段文字表現的思想貼合道家旨意，即使是韓非的作品，也不代表法家思想，它所呈現的由道家轉化為法家的跡象也並不明顯。

三、仁者愛人

〈解老篇〉第三節解釋「仁」，說：

仁者，謂其中心欣然愛人也。其喜人之有福，而惡人之有禍也，生心之所不能已也，非求其報也。故曰：「上仁為之而無以為也。」

〔註15〕詳日人波多野太郎《老子王注校正》卷二，頁96。
〔註16〕詳《老子王注校正》卷二，頁103。

本段說明：所謂仁，是說一個人打心底喜悅地愛別人。別人有福，他就高興；別人有禍，他就難過（嫌惡），它完全出自內心所不能抑制的仁愛之情，絕不是存有任何目的，為了求得報償。所以說：「最仁德的人有作為，但是並不為了任何緣故而有所作為。」

本段文字生動地勾勒出仁者的胸襟，簡明俐落，不曾套上〈解老〉慣用的層遞手法，很值得重視。它所謂「中心欣然愛人」可看成《孟子》「仁者愛人」〔註 17〕的絕妙闡發；它所謂「惡人之有禍」，可用《孟子》「人皆有不忍人之心」〔註 18〕來推述。難怪陳澧要認為這種解說是「純乎儒者之言，精邃無匹。」〔註 19〕了。

孔子把「仁」看成最高度的道德修養，他對「仁」的解說至為廣泛，標準也立得極高。《論語・顏淵篇》記載弟子問仁，孔子答覆各異：

> 顏淵問仁，子曰：「克己復禮為仁。」
>
> 仲弓問仁，子曰：「出門如見大賓，使民如承大祭，己所不欲，勿施於人。在邦無怨，在家無怨。」
>
> 司馬牛問仁，子曰：「仁者其言也訒。」
>
> 樊遲問仁，子曰：「愛人。」

又如〈子路篇〉所記載的：

> 樊遲問仁，子曰：「居處恭，執事敬，與人忠，雖之夷狄，不可棄也。」
>
> 子曰：「剛毅木訥，近仁。」

大抵孔子因材施教，視弟子性向而分別立定規則，弟子們個性與資稟不盡相同，所以列舉的軌則便有差異，由此也可見，孔子的心目中，仁的涵蓋面是何等廣大。孔子不輕易以仁許人，如〈公冶長篇〉對仲弓、子路、冉求、公西赤都分別盛讚各人的長處，卻同樣是說：「不知其仁。」他對令尹子文只讚許「忠矣」，對陳文子只讚許「清矣」，卻批評說「焉得仁。」在門弟子中，他推許顏淵：「其心三月不違仁。」認為其他弟子只是「日月至焉而已矣。」〔註 20〕他自己也說：「若聖與仁，則吾豈敢？抑為之不厭，誨人不倦，則可謂

〔註 17〕見〈離婁下篇〉。
〔註 18〕見〈公孫丑上篇〉。
〔註 19〕詳《東塾讀書記》。
〔註 20〕見《論語・雍也篇》。

云爾已矣！」〔註 21〕只承認自己是努力行仁，誨人行仁，不敢自居「仁聖」。由此可見，他所立的「仁」的標準有多高。要說像〈解老〉及《孟子》的設喻，只可說是就淺近入門處著眼。這「仁」的善端得自天性，人人皆有。常見公共場合中，兒童純真的笑靨逗樂了寂寞的陌生人，「赤子之心」雖然具在，但並不能斷定每個人都是「仁人」，這種喜悅之情倘若能發揚為「幼吾幼以及人之幼」〔註 22〕的社會福利事業，育幼撫孤，不求報償，默默地為國家培植新血輪，那便是「仁者」。「見孺子將入於井」，有「怵惕惻隱之心」〔註 23〕也不能就稱為「仁人」，若能勇赴急流，捨身救溺，才是大仁。換句話說，內心的好惡須是積極發為具體有意義的行動，不計目的，只求貫徹個人意願的才是「上仁」。〈解老〉對於「上仁為之」的「為」強調得不夠。「非求其報」用來闡釋「無以為」倒是恰如其分。「養兒」如果純是為了「防老」，不曾融入親情、自足自娛的成分，那便是利欲之心而已；甚而顧慮未來的便利，如韓非所說：「產男則相賀，產女則殺之」(〈六反〉)，那更是末世沈淪的人類唯物、機械的可悲的行為。它最大的弊病，在於「有目的」的功利觀念遮掩了人類「愛」的天性，所以它僅是絕少部分的短暫的行為，它與「仁者」無目的地愛人，相去何止千萬里。

仁者有積極的人生觀，必定有「己欲立而立人，己欲達而達人」的推愛心理。孔子贊許「博施於民而能濟眾」〔註 24〕，不僅是「仁」，而且入了「聖」；這正是古代儒生修己治人、安天下的一貫理想，這些道理，〈解老〉這段文字未曾說過，我們是該加以補充的。

《老子》說：「天地不仁，以萬物為芻狗。」(五章）天地不偏私，無為無親，任憑萬物自然生息；聖人效法天地，也不偏私，無心無事，任憑百姓自然發展。天地無心於愛物，聖人無心於愛人。道家重視「道」，重視「自然」，「仁」只是「失道」、「失德」(卅八章）以後才講究的「有為」的做法，它是有所偏愛，因而不是道家最高的境界。《莊子・天運篇》說：「虎狼，仁也。……至仁無親。」所謂仁，指相親之情，相當於《老子》「天地不仁」的「仁」，是有所偏私的。他另標「至仁」，則是與渾樸的道體合一的。〈大宗師篇〉說：「利澤施乎萬世，不以愛人。故樂通物，非聖人也；有親，非『仁』

〔註 21〕見《論語・述而篇》。
〔註 22〕見《孟子・梁惠王上篇》。
〔註 23〕見《孟子・公孫丑上篇》。
〔註 24〕皆見《論語・雍也篇》。

也。」意謂至仁無親，聖人化育百姓，澤及萬代，確實是近道的「至仁」，也相當於孔子廓然大公的「仁」的境界；在他看來，卻只是順乎自然，並非出於偏愛之情。這種觀點與儒家「博施濟眾」的「仁民愛物」哲理截然不同。如此說來，〈解老〉對於「仁」的闡釋，倒是接近儒家思想而迥異於道家哲學的。

《韓非子》的法家學說力倡功利主義，認為國際之間崇尚武力，不能講究仁義；國內政治須崇尚法治，也不能談及仁義，仁義不合時宜，不切實際。在戰國紛爭的局勢，事實上，崇法尚武也是唯一目標圖霸的方針，韓非又急求速效，以功利、機械的眼光來看儒家學說，於是便有許多斥仁黜義的言論。大致說來，韓非對「仁」的理解，是承自《老子》的，認為是出於人情（有時還偏指徇私之情），有礙法治，它比儒家所標示的本乎天理、廓然大公的最高修養，立義狹窄得多。他舉例說：先王行刑流淚，行刑是執法，流淚是「仁」，不能徇私（顧及「仁」心）而枉法，足見法重要得多〔註 25〕。他認為末世亂俗，父子之間不一定能互相親愛，君臣關係更不能仰賴愛心來維繫。所以人君治國，該不用人情，純任法治，賞罰無私，自然可以使臣民盡力。這樣子，國君奉法，不用私恩；臣子盡職，不必徇私諂上，自然可使國家富強，進而稱霸諸侯，因此說：「君不仁，臣不忠，則可以霸王矣。」(〈六反〉) 韓非在〈外儲說右下篇〉經二也說：

> 治強生於法，弱亂生於阿；君明於此，則正賞罰而非仁下也。爵祿生於功，誅罰生於罪；臣明於此，則盡死力而非忠君也。君通於不仁，臣通於不忠，則可以王矣。

說明國君為了治強，就得重法，所以不用私恩；臣子為了爵祿，就得盡死力，所以並非向國君盡私忠。這個議論還是奠基於韓非的人性自利，君臣各為己謀的基本觀念上。這個「不仁」與「不忠」並非暴君奸臣的酷虐險惡的行為，而是相當於〈有度篇〉所謂的「能去私曲、就公法者，民安而國治」的「去私曲」。其定義與儒家思想截然不同。由此看來，老子崇尚自然，韓非推尊國法，同樣有意擺脫「仁」的價值觀念，而對於「仁」字的涵義也極相似，道、法兩家的淵源關係還是很密切的。

〔註25〕〈五蠹篇〉云：「且夫以法行刑而君為之流涕，此以效仁，非以為治也。夫垂泣不欲刑者，仁也，然而不可不刑者，法也。先王勝其法，不聽其泣，則仁之不可以為治亦明矣。」

〈解老〉本段釋「仁」之意既貼合儒家旨趣，當然就不宜用法家思想再去勉強撮合，姑且看作是解說文字的特色；我們沒有足夠的資料證明是否韓非所作，倘若保留古人的說法，那麼，本段儒家思想的闡發，也許正是韓非子流露自己出自荀卿門下的一點痕跡吧！

四、義者宜也

〈解老篇〉第四節解釋「義」是這樣子的：

義者，君臣上下之事也〔註26〕，父子貴賤之差也，知交朋友之接也，親疏內外之分也。臣事君宜，下懷上宜，子事父宜，賤敬貴宜，知交朋友之相助也宜，親者內而疏者外宜。義者，謂其宜也，宜而為之，故曰：「上義為之而有以為也。」

本段大意是說：行事合宜叫做「義」，君臣、上下、貴賤、父子、朋友、親疏、內外種種關係都能得當合宜。「義」既是衡量合宜然後去做，所以說它是有所為的，有目的的了。

《禮記・中庸》有段話說：

仁者，人也，親親為大；義者，宜也，尊賢為大。親親之殺，尊賢之等，禮所生也。〔註27〕

「仁」是人際之間能貫徹始終的一種相處的道理，以能親愛自己的親人最重要；「義」是做事能合宜，以能推尊賢者最重要。一個是發乎性情，一個是訴諸理性。君臣、父子、夫婦、兄弟、朋友五倫之常，能發乎性情（仁），又能合於理性（義），於是才可能產生一套合情合理的「禮法」，也才能有安和樂利的社會，所以《禮記・郊特牲》說：「義生，然後禮作；禮作，然後萬物安。」這些道理，是儒家最為講究的修身極則。〈解老〉釋「義」，事實上也是《中庸》「義者宜也」的發揮，與儒家學說並無二致。

明代王道《老子億》就「上仁為之而無以為，上義為之而有以為」曾做過如下的分析：

仁，人心也，萬物一體之本體也。惻怛慈愛，自然及物，雖有推行之迹，而無強矯之心。天下之人被其恩者，亦與之相忘而已矣。此

〔註26〕「事」，迂評本、凌本作「禮」，茲從乾道本、趙本。「也」字各舊本無，茲依松皐圓《韓非子纂聞》補。

〔註27〕「下懷上宜」，各舊本無「宜」字。王先慎《集解》據盧氏文弨《拾補》補，茲從之。「賤」，乾道本誤作「眾」，茲從迂評本、趙本、凌本。

> 去上德不遠，《孟子》所謂以德行仁者也，故曰：「上仁為之而無以為。」義則有裁割斷制之施，而人始懷畏威寡罪、凜不可犯之意，所謂其次畏之者也，故曰：「上義為之而有以為也。」〔註28〕

說明「上仁」與「上義」的區分，大致也合乎本文所謂「情」與「理」的差異。如果進一步推敲，「上仁」以德行仁，不露形跡，君民相忘於恩，接近《老子》的聖人之化；「上義」嚴厲割裁，使人敬畏，接近法家的「法」。它們之間的差異，在於一則以情誘發，使自臻大善，重在感化；一則據理割斷，不惜嚴格約束，重在樹立原則，一柔一剛，相濟相輔，便是「人道敏政」的仁義，禮之所由生的仁義。「禮」與「法」在古代本相貫通，直到法家興起，才特意強調刑罰為「法」，而「禮」便似乎成了儒者治國的準繩，與「法」相對立了〔註29〕。王氏的解釋可說是渾融貫串的。

韓非因為時代環境所致，竭力講求推崇實力的國家主義。要講究實力的發展，急求速效，便不能不崇尚功利。儒家倡行仁義，正與功利相對，所以韓非書中多詆斥儒者、菲薄仁義之言〔註30〕。就此而論，《韓非子》對「義」的領悟，當然與王氏《老子億》近「法」的內涵不同，還是「道義」、「義者宜也」的「義」。我們還可以肯定：韓非雖然為了崇尚法治，往往故意貶斥仁義的價值，他對仁義的了解，還是很深刻的。只不過他確認人有劣根性，「民者固服於勢，寡能懷於義。……貴仁者寡，能義者難也。」(〈五蠹〉)就客觀情形論斷儒術難行，而自己法術勢並用的一套學說才是切合時代環境的政治理論。他重國家，輕個人，認為一切以國家公利為主，要明法度，就得去私恩，個人雖講節義，必須能對君上有實利，不然便算不上仁義。〈有度篇〉說：「行惠施利，收下為名，臣不謂仁；離俗隱居而以非上，臣不謂義。」韓非理想的賢臣是「奉公法，廢私術」〔註31〕的，倘若私行恩惠，與君爭民，不能算「仁」；隱居修道，獨善其身，於國無益，又有非君之行，便不能算「義」。這可以說是韓非對「仁義」新的評詁。因此，道家退隱巖穴的高行，他並不

〔註28〕見《中庸》第二十章。

〔註29〕參閱幼獅書店李曰剛編《大學國文選．定法》題解。

〔註30〕諸如：「明主急其功而緩其頌，故不道仁義。(〈顯學〉)「明主舉事實，去無用，不道仁義者故，不聽學者之言。」(〈顯學〉)「故舉先王、言仁義者盈庭，而不免於亂。」(〈五蠹〉)「行仁義者非所譽，譽之則害功；工文學者非所用，用之則亂法。」(〈五蠹〉)「有道之主，遠仁義，去智能，服之以法。」(〈說疑〉)

〔註31〕見〈有度篇〉。

贊允；田常下大斗斛以示惠於民，在他看來，是劫君奪國的徵象〔註 32〕。劉向《說苑》也有一段近似的記載：

> 子路為蒲令，備水災，與民春修溝瀆，為人煩苦，故予人一簞食，一壺漿。孔子聞之，使子貢復（「止」之意）之。子路忿然不悅，往見夫子曰：「由也，以暴雨將至，恐有水災，故與人修溝瀆以備之。而民多匱於食，故與人一簞食一壺漿。而夫子使賜止之，何也？夫子止由之行仁也？夫子以仁教而禁其行仁也，由也不受。」子曰：「爾以民為餓，何不告於君，發倉廩以給食之，而以爾私饋之，是汝不明君之惠，見（現）汝之德義也。速已則可矣，否則爾之受罪不久矣。」子路心服而退也。（〈臣術〉）

炫民私惠，便有「收下」之嫌，這種行仁，不符大義，也就是說忘了行仁須合上下名分，不悖公利。這與韓非「臣不謂仁」可謂互相發明。其實《韓非子・外儲說右上篇》傳一第五段，也記載子路為郈令，以私粟犒勞服力役的百姓，認為就是「行仁義」，孔子派子貢阻止，理由是「夫禮，天子愛天下，諸侯愛境內，大夫愛官職，士愛其家，過其所愛曰侵。今魯君有民，而子擅愛之，是子侵也，不亦誣乎！」立說雖沒有劉向那般明晰，強調守分的觀念倒是一致的。

〈解老〉這段釋「義」的文字，正是儒家所講求的倫常大道。它與法家思想牴牾最大的，是「下懷上宜」、「賤敬貴宜」、「親者內而疏者外宜」。法家不作興示仁示恩，在下之人對長上是敬畏多於感懷。法治理想是貴賤一律平等，禮賢敬貴是舊有階級社會的規條。法家崇法，便不別親疏，因而也無所謂外內之分。至於「子事父宜」，韓非肯定人性自利，以為父子都難免用「計算之心」〔註 33〕相對待，又因為重國輕家，所以盛讚楚人直躬告父偷羊，是「君之直臣。」〔註 34〕他這種唯物的看法，如果真付諸實現，那就是賈誼所形容的秦人無異於禽獸的陋習了：

> 商君遺禮義，棄仁恩，並心於進取。行之二歲，秦俗日敗，故秦人

〔註 32〕〈二柄篇〉：「故田常上請爵祿而行之群臣，下大斗斛而施於百姓，此簡公失德（賞）而田常用之也，故簡公見弒。」

〔註 33〕〈六反篇〉：「父母之於子也，產男則相賀，產女則殺之。……故父母之於子也，猶用計算之心以相待也，而況無父子之澤乎！」〈外儲說左上篇〉：「子、父，至親也，而或譙或怨者，皆挾相為，而不周於為己也。」

〔註 34〕詳見〈五蠹篇〉。

家富，子壯則出分；家貧，子壯則出贅。借父耰鉏，慮（大抵）有德色，母取箕帚，立而誶語；抱哺其子，與公併倨；婦姑不相悅，則反脣而相稽（計），其慈子耆（嗜）利，不同禽獸者亡幾耳。（《漢書．賈誼傳．陳政事疏》）

由此可見，〈解老〉的釋義與韓非的基本思想大異其趣。而它與《老子》的音意也並不相干。《老子》說：「聖人不仁，以百姓為芻狗。」（五章）只是順其自然，既不特意施仁，百姓之於長上也就無所謂懷恩與否了。《老子》讚嘆「玄同」的境界：「不可得而親，不可得而疏；不可得而利，不可得而害；不可得而貴，不可得而賤。」（五十六章）要混同親疏、利害、貴賤的區分，當然不談「賤敬貴宜」，「親者內而疏者外宜。」《莊子．秋水篇》也說：「以道觀之，物無貴賤。」「以道觀之，何貴何賤，是謂反衍。」從齊物觀點看，萬物根本無所謂貴賤，即使勉強區分貴賤，也非一成不變。由此才能物我相忘，妙得其宜，所以〈庚桑楚篇〉說：「至義不物。」道家是不要區別，儒家卻是明顯地區分等次。〈解老〉對「義」字的闡釋，正是嚴畫界限，各有所宜，可說與道、法兩家思想無關，而純然是儒家倫常大道的發揮。

五、禮以貌情

〈解老篇〉第五節解釋「禮」，說：

禮者，所以貌情也，群義之文章也，君臣父子之交也，貴賤賢不肖之所以別也。中心懷而不諭，故疾趨卑拜而明之；實心愛而不知，故好言繁辭以信（申）之。禮者，外飾〔註35〕之所以諭內也。故曰：禮以貌情也。凡人之為外物動也，不知其為身之禮也〔註36〕。眾人之為禮也，以尊他人也，故時勸時衰。君子之為禮，以為其身，故神〔註37〕之為上禮。上禮神而眾人貳，故不能相應，不能相應，故曰：「上禮為之而莫之應。」眾人雖貳，聖人之復恭敬〔註38〕、盡手足之禮也不衰。故曰：「攘臂而仍之。」

〔註35〕「飾」，乾道本、趙本作「節」，茲從迂評本、凌本。本句承上「貌情」、「文章」而言，當是「文飾」之意，不宜作「節」。

〔註36〕「為身」，猶云「治身」、「修身」。陶鴻慶謂「之禮」二字涉下字而衍，《翼毳》乙為「為其身」，讀為去聲，皆欠妥。

〔註37〕「神」，梁啟雄《淺解》：「『神』字借為『伸』，《爾雅》：『神，重也。』……謂把『為其身』的禮伸展而注重，成為上等的禮。」

〔註38〕「復」，《翼毳》：「復，如『克己復禮』之復，猶履也。」

本文是說：禮是用來表飾情感的，也是人類履行各種倫常關係所制定的鋪飾的規法。君臣、父子交接仰賴禮來維繫，貴賤、賢不肖仰賴禮來區分。人們內心有一種情感，無從表達，所以藉著疾行趨走低身下拜來表明自己的心情；心愛別人，而別人不知道，所以用些動聽的言語、繁複的文詞來申明自己的愛心。禮，是藉外在適當的文飾來表達內在的情感的。大凡人被外物汨惑的時候，就往往忘懷了自己修身的禮節。一般人講究禮，是用以尊敬他人，所以有時勉強實踐，有時不免懈怠。君子人講究禮，是為了修養自己，因此特別看重它，成為上等的禮。「上禮」被君子人看重，無時無地不貫注這種精神，可是一般人卻是時而勸勉，時而懈怠，君子人卻是存著恭敬之心，講究一舉手一投足的禮節，毫無懈怠，所以《老子》說：「雖然有人捲袖露臂表示反對，君子還是依然認真守禮。」〔註39〕

嚴靈峰先生曾據《老子》文義，改「上禮為之而莫之應」為「上禮為之而莫不為」，刪「則攘臂而扔（仍）之」六字〔註40〕，立意極為貫串。不過，就〈解老〉本文看來，這種更動也許有些主觀，因為〈解老〉與今本《老子》用字相同，它雖不能斷定絕對是韓非的作品，資料無疑是相當古。嚴先生又說：「韓非〈解老篇〉在此句上，尚有『禮以貌情』四字，且其解說極盡穿鑿。」我們可以看得出來，本節仍是以儒家觀點來闡釋《老子》學說，穿鑿附會之譏是不免的了。至於「故曰：禮以貌情也」倒可以看成〈解老〉自解自答，不一定是引述《老子》文字；只是以「故曰」來銜接，不能不看成特例了。

陳奇猷解「神之為上禮」一句，說：「此神字當讀如〈楊權（揚搉）篇〉『主上不神，下將有因』之神」，認為有「隱而莫測其所由」之意〔註41〕。那麼，便是指國君之禮講究隱而莫測的密術了。筆者細心揣摩，深覺大有商榷之必要。〈揚搉篇〉主旨在借道家虛靜無為的學說，發揮法家國君統御群臣的方術。認為國君循名責實，因才任官，使臣子各有司職，各盡其能，國君便可無為無事，而國君也要虛靜以待，不表現任何嗜欲好惡，隱秘莫測，使臣子無從窺伺，因而有所敬畏。這套道理雖然勉強可以看做人君一部分的修為學，究竟不是「上禮」，也不是「所以貌情」的作法，陳氏的說法欠妥。

〔註39〕〈解老〉別有解說，與一般不同。
〔註40〕詳嚴氏《老子章句新編》，頁94及《老子達解》，頁163。
〔註41〕詳《集釋》，頁333。

〈解老〉本段所謂「禮者……群義之文章也，君臣父子之交也，貴賤賢不肖之所以別也」，如果係韓非所作，便很自然，可以看成是推本師說。儒家重禮，是無庸贅言的。孔子是個知禮好禮的人，《論語》一書便常談及禮的效用；《荀子》更是把禮當作個人修身為學，以及君主治國安民、繁榮社會的憑藉，《荀子》一書可說是以「禮」為經緯的〔註42〕。因為「親親之殺，尊賢之等，禮所生也」(《中庸》)、「義生，然後禮作」(《禮記・郊特牲》)，前節已論及，行事合宜，據以訂立法規，便是禮；所以《荀子》往往用「禮義」聯詞來概括「禮」。〈解老〉所說的，正是荀卿「群而能分」的道理：

> 人之生不能無群，群而無分則爭，爭則亂，亂則窮矣。……人君者，所以管分之樞要也。……古者，先王分割而等異之也。(〈富國〉)
>
> 有天有地，而上下有差。明王始立，而處國有制。夫兩貴之不能相事，兩賤之不能相使，是天數也。埶位齊，而欲惡同，物不能澹(贍)則必爭，爭則亂，亂則窮矣。先王惡其亂也，故制禮義以分之，使有貧富貴賤之等，足以相兼臨者，是養天下之本也。(〈王制〉)
>
> 夫貴為天子，富有天下，是人情之所同欲也。然則從人之欲，則埶不能容，物不能贍也。故先王案為之制禮義以分之，使有貴賤之等，長幼之差，知(智)愚能不能之分，皆使人載其事，而各得其宜。(〈榮辱〉)
>
> 禮者養也。君子既得其養，又好其別。曷謂別？曰：貴賤有等，長幼有差，貧富輕重，皆有稱者也。(〈禮論〉)

這些強調等差、有別的理論和〈解老〉一致；與法家只談公法，不分親疏貴賤，卻不相同。

戰國時期干戈紛擾，道德淪喪，重視客觀與實驗的荀子，眼見人欲橫流，爭奪競進，他否認孟子的性善說，而提出性惡的警言。他認為人的本性貪欲嗜利，極須藉禮義來矯正，〈性惡篇〉說：

> 人之性惡，其善者偽也，……必將有師法之化，禮義之道，然後出於辭讓，合於文理，而歸於治。
>
> 古者聖王以人之性惡，以為偏險而不正，悖亂而不治，是以為之起

〔註42〕詳楊連生〈荀子禮論研究〉，師大《國研究所集刊》第十七號。

> 禮義，制法度，以矯飾人之情性而正之，以擾化人之情性而導之也。使皆出於治合於道者也。
>
> 聖人化性而起偽，偽起而生禮義，禮義生而制法度，然則禮義法度者，是聖人之所生也。

「性」是天生的，「偽」是人為的努力，為了「化性起偽」，聖人制定了「禮義」、「法度」，它具有「矯正文飾」以及「馴順感化」的作用。我們欣然發現：《荀子》認為禮具備文飾作用，正是〈解老〉「禮者所以貌情也」的意思。而他在「禮義」之外，另標示「法度」的制定，足見「禮」與「法」原是一體的。《荀子》兼顧「禮」與「法」，特意強調「法度」的嚴厲賞罰，這是他有別於孔、孟之處，也是弟子李斯、韓非會轉化為法家的一個基因。他的性惡主張，更是《韓非子》人性自利觀的本源，難怪後人要說「他是禮治法治過度期間的一個代表人物」〔註43〕了。

此外，《荀子・禮論篇》，也發揮「禮者所以貌情」的道理：

> 凡禮，事生飾歡也，送死飾哀也，祭祀飾敬也，師旅飾威也。……事生飾始也，送死飾終也……莫不稱宜而好善，是禮義之法式也，儒者是矣！

儒者正是藉禮義來表飾情感的！韓非〈解老〉這句話與《荀子》學說完全相符，當然是儒家思想，不是法家本色。

無奈，除了上文兩句「禮用以文飾」以及「禮用以分別等差」之外，便不易具體探明它與《荀子》學說的關係。不過，君子以禮修身誠一不二，眾人「時勸時衰」；「眾人攘臂，君子仍之」，可說是《荀子》所謂的：「君子道其常」、「不為小人之匈匈也輟行」〔註44〕。值得一提的是：〈解老〉這種闡釋與一般《老子》註本不同，一般本子大致是解做：「於是就伸出手臂來，引著人家強就於禮」，含有「強迫就範」的「法治」意味，嚴格說，〈解老〉的闡說還更近儒家的「禮」呢！

六、道德相貫

〈解老〉第六節，闡說「失道而後失德」，指明形上之道與形下的人生道德規範（德），必須本末相貫：

〔註43〕見楊筠如《荀子研究》，頁142。
〔註44〕見〈天論篇〉。

> 道有積而積〔註45〕有功，德者道之功。功有實而實有光，仁者德之光。光有澤而澤有事，義者仁之事也。事有理而理〔註46〕有文，禮者義之文也。故曰：「失道而後失德，失德而後失仁，失仁而後失義，失義而後失禮。」〔註47〕

〈解老〉本段所引《老子》文句與今本《老子》不同，每句都多出第二個「失」字，立意相去懸遠。劉師培與皮錫瑞都依據〈解老〉，斷定今本《老子》脫了四個「失」字。但是，馬敘倫的《老子覈詁》卻列舉許多例證，辨明沒有四個「失」字的本子很多，《莊子・知北遊篇》所引亦同，如果從《老子》卅八章的文義來推斷，也不該多出四個「失」字。筆者贊同馬氏卓見。倘若我們根據《老子》前後大義去推敲，由人的居心分析，自上德、下德的無為，到仁、義的有心作為，已經違反自然；禮的各種文飾，更是曲盡人事，所以一層不如一層，真是每況愈下。因此，就全文貫串而言，今本《老子》較優。《淮南子・俶真訓》說：「道散而為德，德溢而為仁義，仁義應而道德廢矣。」可以看成今本《老子》「失道而後德」一段的註解，嚴靈峰先生認為事實上也就是《老子》「樸散則為器」（廿八章）的意思。

話雖如此，就〈解老〉文字探究，作者讀《老子》卻是別有會心。他認為：道由積養而致，積養力久自然能顯功用，大道積養有了明顯的功用就是德。功德充實便生光輝，德的光輝就是仁。仁之所及，便能潤澤萬物，行事得宜，這就是義。合宜之事都有條理，自然有節文，禮就是義的文飾。如此說來，道為德之本，德為仁之本，仁為義之本，義為禮之本，有因依相生的關係存在，無本就無末，所以說：「失道而後失德……而後失禮。」主旨在說明；「任何道德規範，若不由形上之道的價值根源流下的話，都必成為僵化的空殼。」〔註48〕這是強調個人實踐的「德」與本體的「道」必須是源流暢通，息息相關。從這點來說，〈解老〉的立意雖與一般《老子》註本相去懸遠，對於《老子》形上之道與形下之德的貫串與諧調，算是把握得很緊，難能可貴。而所謂「禮者義之文也」與上段「禮者……群義之文章也」意思相同；所謂「事有理，理有文」也一樣是師承《荀子》學說。《荀子・性惡篇》剖析人性好利、疾惡、有耳目之欲，因而「淫亂生而禮義文理亡焉」，「必將有師法之

〔註45〕「而積」，各舊本作「而德」，審文義及前後文例依顧廣圻《識誤》說改。
〔註46〕兩「理」字原作「禮」，從陶鴻慶說并審文義及前後文例改。
〔註47〕一般《老子》本作「失道而後德」，每句皆無下「失」字。
〔註48〕見王邦雄《韓非政治哲學之研究》，頁51。

化，禮義之道，然後出於辭讓，合於文理而歸於治。」正是以「文理」與「禮義」相提並論。

有關《老子》本文「失道而後德」一段，陳鐘凡《諸子通誼》有精闢的解析：

> 是德者，道之精；仁、義者，道之麤；德者，道之本；仁、義者，道之末。形、名、賞、罰者，又仁、義之至麤至末者也。語道而至於仁、義，其精已漓，其本已失；至於形、名、賞、罰，則道幾乎息矣。故《老子》言道之極，至於禮而已；過此以往，非所忍言。……使道、德不失，則仁、義、禮、智、法五者，存可也，亡可也。道、德不存，已足戕人心而賊肝腑，更焉待於禮、法哉？……故禮失而有法，老聃所不忍言。

認為「禮失而後法」是老子不忍心說的。若細加尋思，事實上古人「禮」字已涵括了「法」，《老子》一書雖不免有後人羼亂之詞，成書很早，或許當時「法」的概念並沒有戰國時代那麼明晰，所以不必特意強調。不過，我們如果說禮是飾偽失樸，遠離本真；法更是苛察繳繞，過分作為。禮已是「忠信之薄而亂之首」（卅八章）；法令繁瑣，更是「盜賊多有」（五十七章）。在《老子》看來，禮已是毫無足取；至於法令就更要疾首痛心，所以說：「民不畏死，奈何以死懼之？」基於這些因由，陳鐘凡氏所謂：「禮失而有法，老聃所不忍言」，當然是順理成章了。

七、禮乃亂源

〈解老〉第七節說明「禮者忠信之薄而亂之首」，是這樣的：

> 禮為情貌者也，文為質飾者也。夫君子取情而去貌，好質而惡飾。夫恃貌而論情者，其情惡也；須飾而論質者，其質衰也。何以論之？和氏之璧不飾以五采，隋侯之珠不飾以銀黃，其質至美，物不足以飾之。夫物之待飾而後行者，其質不美也。是以父子之閒，其禮樸而不明。故曰：「禮，薄也。」〔註49〕凡物不並盛，陰陽是也；理相奪予，威德是也；實厚者貌薄，父子之禮是也。由是觀之，禮繁者，實心衰也。然則為禮者，事通人之樸心者也〔註50〕。眾人之為禮也，

〔註49〕按：此句即「禮者忠信之薄也」之省文。

〔註50〕陳啟天《校釋》：「事通人之樸心，猶言務斲喪人之本性也。物雙松《讀韓非子》：『謂以鑿混沌之竅為務也。』」

人應則輕歡，不應則責怨。今為禮者，事通人之樸心，而資之以相責之分（忿），能毋爭乎？有爭則亂，故曰：「禮者，忠信之薄也，而亂之首乎！」

「情」與「質」是內在的真情、實質，「貌」與「飾」是外在的修飾。本來「文質彬彬，然後君子」〔註 51〕，但「情」與「實」是根本，若文質不能兼顧，君子人寧取實質，而不講究外在的修飾。作者還肯定：須藉外在的修飾的東西，往往是實質不美。推而談論人倫關係，父子之間，禮節樸實，不必藉繁文縟節來炫明。天地間的事物不能同時一樣的旺盛，陰和陽就是如此；道理總是正反對立，威和德就是這樣。內在實質厚重的，外在的表現就可以淡薄些，父子之間的禮節就是如此。所以，禮節繁縟的，篤厚的心就衰微。如此說來，制作禮正是斲傷人的本性！一般人行禮，別人理睬就輕鬆歡喜，不理睬就埋怨指責。現在推行禮節的人，既斲傷人的本性，又使人有互相責怨的忿恨心理，能不起紛爭嗎？有紛爭就有禍亂，所以說：「禮是忠信淡薄了以後才有的，也就是禍亂的開端。」

本章的旨意，在推本道家宗法自然的思想。認為人本性淳樸純真，感情自然流露，不受束縛，由於無思無欲，也就無所紛競，人人自安自樂，這是最可貴的。「樸散而為器」（廿八章），等到渾沌淳厚的狀態打破以後，才產生了種種具體明顯的事物。禮，便是人的感情實質衰滅之後，制定出來加以約束的具體規條，它是維繫人類社會的共同規範，所以禮的作用是為人的，也就是在乎對方的反應的，喜怒因此而產生，相責怨忿也在所難免，這就是一切紛爭的開端了。

「然則，為禮者事通人之樸心者也」一句，是前後銜接的關鍵句子，有這句才能引出結論「夫禮者忠信之薄而亂之首」，它該是《老子》「知禮而反禮」〔註 52〕，慨嘆「樸心」的失落，後天講究禮節，使得人類天生渾樸淳厚的本性喪失，如此才能承上文「實心衰」，而與下文「爭」、「亂」貫串一氣。

就文義探討，〈解老〉這段文字是道家言無疑。不過，它與〈解老〉第五節用詞設意仍有幾分近似。譬如禮為情貌，文為質飾，便是第五節所謂「禮

〔註 51〕見《論語．雍也篇》。

〔註 52〕朱謙之《老子校釋》，頁 99：「老子蓋知禮而反禮者也，故曰：『處其厚不處其薄。』」

者，所以貌情」的意思。第五節說「眾人之為禮也，以尊他人也，故時勸時衰」，本段「眾人之為禮也，人應則輕歡，不應則責怨」，正因為是「為了尊他人」，便在乎他人的反應，「有應則輕歡」，自然就「時勸」；「不應則責怨」，自然就「時衰」，兩段文字可說是互相補足的。由於有這些近似，很容易也看成是儒家思想。過去，解釋《老子》的箋注家，也有從儒家觀點出發，把《老子》本文勉強牽合儒家思想範疇的。譬如宋翔鳳說：「道德仁義遞降，而以禮為治民。三千三百皆所以約束整齊其民，由忠信之既薄，而禮為治國之首。亂，治也，老子言禮，故孔子問禮。」〔註 53〕辯論有力，言之成理，可惜與《老子》立意相背，只能說是望文生義了。焦竑、翁正春、朱之蕃《二十九子品彙》本「夫」字作「失」，並注云：「言禮廢而忠信日以衰薄也。」〔註 54〕也正是入主出奴，用儒家觀點隨意改竄，不足採信。

《荀子·禮論篇》曾推究禮制的起源，認為人天生有欲望，有需求，在團體社會裡，如果不加以相當的約束與節制，必然是強陵弱、眾暴寡，紛爭擾攘，永無安寧。因此，聖人便制定了禮，劃定分界，使彼此在固定範圍之內，滿足欲望與需求，而謀求人類社會的進步。如此看來，儒家的禮，功用正在於杜防紛亂，對人類未來的發展具有積極的推動力量。道家則是持退化的歷史觀，要人拋開欲望，歸真反樸，回復原始渾沌未開、無知無為的境界。禮在《老子》看來，文飾過甚，正是為渾沌開竅，有害無益的事，所以說是「忠信之薄」，是「亂之首」，它與儒家立旨大異其趣。因為儒家是把「忠信」看作「禮之本」的〔註 55〕。儒家以為有「忠信」才算有「禮」；道家卻以為有「忠信」可以不要「禮」，沒有了「忠信」，才有「禮」的產生。

儒家談禮，講究誠敬的工夫。《大學》說：「誠於中而形於外」，倘若不誠敬，不能以忠信為本，禮便成了具文。禮雖然講究文飾，但須有仁義忠信等本質為根幹，所以《論語·雍也篇》說：「文質彬彬，然後君子。」〈八佾篇〉說「禮，與其奢也寧儉。」〈解老〉這段文字，把禮（貌、飾）看成與「情、質」對立，認為有情、實，就不須談禮；講究禮，就失去情、實，比起儒家的說法，就未免機械了些，立論較為偏執。《淮南子·本經訓》曾說：

> 故鐘鼓管簫干鏚羽旄，所以飾喜也；衰絰苴杖，哭踊有節，所以飾

〔註 53〕見朱謙之《老子校釋》，頁 99。

〔註 54〕見嚴靈峰《老子章句新編》，頁 95。

〔註 55〕《禮記·禮器篇》：「先王之立禮也，有本有文。忠信，禮之本也；義理，禮之文也。無本不立，無文不行。」

> 哀也。兵軍羽旄金鼓斧鉞，所以飾怒也。必有其質，乃為之文。古者聖人在上，政教平，仁愛洽，上下同心，君臣輯睦，衣食有餘，家給人足，父慈子孝，兄良弟順，生者不怨，死者不恨，天下和洽，人得其願。夫人相樂無所發貺，故聖人為之作樂以和節之。末世之政，田漁重稅，關市急征……居者無食，行者無糧，老者不養，死者不葬，贅妻鬻子以給上求，猶弗能擔（贍），愚夫蠢婦，皆有流連之心，悽愴之志，乃使為之撞大鐘，擊鳴鼓，吹竽笙，彈琴瑟，失樂之本矣。……夫三年之喪，非強而致之，聽樂不樂，食旨不甘，思慕之心，未能絕也。晚世風流俗敗，嗜慾多，禮義廢，君臣相欺，父子相疑，怨尤充胸，思心盡亡，被衰戴絰，戲笑其中，雖致之三年，失喪之本也。

認為禮樂出於人情，正所以文飾情感，「必有其質，乃為之文」，至於衰世末俗，悲愴而欲其強歡，澆薄而欲其淳樸，都是「失本」。這番議論儒家精神遠重於道家精神。而〈解老〉本段「文質對立」、「重質輕文」的觀點，雖不如《淮南子．本經訓》來得持平近情，卻更富於道家色彩。

根據《史記》諸書的記載，孔子曾問禮於老子，可是儒、道兩家對禮的觀點顯然不盡一致，明代王道《老子億》針對這點曾做過透闢的解析：

> 嘗觀《論語》載孔子之言曰：「人而不仁，如禮何！」「能以禮讓為國乎，何有！不能以禮讓為國，如禮何！」大林放問禮之本，曰：「禮與其奢也寧儉，喪與其易也寧戚。」見舞八佾者，歌雍徹者，則皆非之，曰：「禮云禮云，玉帛云乎哉！樂云樂云，鐘鼓云乎哉！」「如用之，則吾從先進也。」凡若此者，不一而足。自此觀之，所謂仁也、讓也、儉與戚也，非《老子》之所謂忠信者乎！不仁、不讓、不從先進而徒事夫歌也、舞也、玉帛鐘鼓也，非《老子》之所謂忠信之薄者乎！二聖授受之妙，其或在此。蓋禮主於儀章度數之文，本不足以當道德仁義之實，故其出於忠信者，孔子之所取；而其不出於忠信者，老子之所棄。老子之言執古御今之極致，孔門之學，撫世酬物之常經，雖若不同而實互相發也。

認為老子與孔子言禮並不衝突，孔子所取的禮，正是合乎忠信的禮，也即是前文筆者所謂有質再求有文之禮。而老子所棄的禮，正是不合於忠信的禮，那就是力矯周末過分文飾而失其本質的流弊了。清代姚鼐也說過：

> 夫老聃之言禮，蓋所謂求之過者矣。得先王制禮之本意，而觀末世為禮者循其迹而謬其意，苛其說而益其煩，假其名而悖其實，則不勝悁忿而惡之。〔註 56〕

以為老子曾為柱下史，是個知禮之人，只是看不過末世亂俗，苛說煩民，假名悖實，才指禮為「亂之首」。諸子百家多數因應時勢之需，各倡學說，若就時代背景而言，這種推論是很近情理，也比較接近事實的。

如果我們要從本段文字去尋繹法家思想的跡象，那麼，「理相奪予，威德是也」的「威德」一詞，可說是《韓非子・二柄篇》的「刑德」。一則以威罰，一則以恩賞，自然是互相對立的。不過，這裡既然透露了一絲兒法家思想的消息，並不代表實在的法家意識，作者只是藉以說明「文質對立」關係，而歸結到道家「重質輕文」的論點而已！儘管韓非也是「輕文」，反對事文學，但在這兒卻看不出任何跡象，因此我們還是要說：本段是道家言論。

八、智為愚首

〈解老〉闡述「前識者，道之華而愚之始」，是這樣的：

> 先物行、先理動之謂前識。前識者，無緣而妄〔註 57〕意（臆）度也。何以論之？詹何坐，弟子侍，有牛鳴於門外，弟子曰：「是黑牛也而白題。」詹何曰：「然，是黑牛也，而白在其角。」使人視之，果黑牛而以布裹其角。以詹子之術，嬰（攖）眾人之心，華焉殆矣，故曰：「道之華也。」嘗試釋詹子之察〔註 58〕，而使五尺之愚童子視之，亦知其黑牛而以布裹其角也。故以詹子之察，苦心傷神，而後與五尺之愚童子同功，是以曰：「愚之首」〔註 59〕也。故曰：「前識者，道之華，而愚之首也。」

一個人在觀察事物之先，能夠逆料其情狀；在檢驗事理之前，能夠預知其結果，照常理說，這是聰明絕頂的人。老子的看法卻不同。他嚮往「小國寡民」、「結繩用之」（八十章）的簡樸社會，相信人類的智慧比起宇宙的廣大緜遠來，實在是有限得很，炫智飾偽對自己、對國家都是有害的。所以說：

〔註 56〕見劉咸炘《老子二鈔》。

〔註 57〕「妄」，各舊本作「忘」。王先慎《集解》：「忘與妄通。」

〔註 58〕「嘗」，裴學海《古書虛字集釋》：「猶若也」。「釋」，捨也。「察」，《論語・為政篇》皇疏：「沈吟用心忖度之也。」按：即指「前識」。

〔註 59〕「首」，今本〈德經〉作「始」。

「絕學無憂」（二十章）說：「智慧出，有大偽。」（十八章）「以智治國，國之賊。」（六十五章）「絕聖棄智，民利百倍。」（十九章）他希望人們無知無欲，無思無慮，無為無事，回復古老樸質的生活。因此「前識」在他看來，是任智取巧，棄樸失真，遠離道本，只不過是道術虛華的一種現象。人們有了好智逞慧的心理，便將多所作為，破壞宇宙原有的自然的和諧，這種舉動所能做的努力，在整個浩大的宇宙來說，也是渺小之極，是最愚蠢不過的。它是外炫的，不是深觀返照，內斂含藏的，它絕不是真正的聰明，而是愚蠢的根源。

〈解老〉為「前識」下的定義「先物行，先理動」是很貼切的，至於「無緣而妄意度」一語，重視依據與推理，便影射了些法家實事求是的實證精神。這「前識」的體認，已不是純粹的先知先覺，善連智慮，善加推想，而是自逞聰明、自以為是了。即使是「臆度」得合乎事實，作者認為勞神竭慮、預言事理，也遠不如笨孩子實事求是來得具體有實效。換言之，沒有依據的逞智慮是一種不必要的浪費，有依據的實證卻是人人可行、可以奏效的作法。韓非主張循名責實，嚴密考核而杜絕私智的運用，要制定一套合宜公允的法度，使中才之主據以治國，他說：

> 故群臣陳其言，君以其言授其事，以其事責其功。（〈主道篇〉：〈二柄篇〉文句近似）
>
> 循名實而定是非，因參驗而審言辭。（〈姦劫弒臣〉）
>
> 明主之道，一法而不求智，固術而不慕信。（〈五蠹〉）
>
> 釋法術而任心治，堯不能正一國；去規矩而妄意度，奚仲不能成一輪。……使中主守法術，拙匠執規矩尺寸，則萬不失矣。（〈用人〉）
>
> 世之治者不絕於中，吾所為言勢者，中也。中者，上不及堯、舜，而下亦不為桀、紂，抱法處勢則治，背法去勢則亂。（〈難勢〉）

拿這些話與〈解老〉兩相比較，是可以領略得到〈解老〉含藏一些法家精神的。

詹何其人，事跡又見於《列子・湯問篇》及《淮南子・原道訓》，大約是楚國善釣之人，嚮往無為的德化統治。《淮南子》說：

> 夫臨江而釣，曠日而不能盈羅，雖有鉤箴芒距微綸芳餌，加之以詹何，娟嬛之數，猶不能與網罟爭得也。

此言其善釣。《列子》說：

詹何以獨繭絲為綸，芒鍼為鉤，荊篠為竿，剖粒為餌，引盈車之魚於百仞之淵汨流之中；綸不絕，鉤不伸，竿不橈。楚王聞而異之，召問其故。詹何曰：「……當臣之臨河持竿，心旡雜慮，唯魚之念；投綸沈鉤，手旡輕重，物莫能亂。魚見臣之釣餌，猶沈埃聚沫，吞之不疑，所以能以弱制彊，以輕致重也。大王治國，誠能如此，則天下可運於一握，將亦（又）奚事哉！

這是說，善釣與善治國同理，皆在於能無為。至於《呂氏春秋・執一篇》所記載的詹何，則是看重修身，以修身為治國之本的隱者：

楚王問為國於詹子，詹子對曰：「何聞為身，不聞為國。」詹子豈以國可無為哉？以為為國之本，在於為身，身為而家為，家為而國為，國為而天下為。

這是說：他主張先修身，而後才能談到齊家治國平天下，倒像是儒家修己治人、內聖外王的理想。至於〈解老〉所舉預言「黑牛白在其角」的事例，倒是僅見，而且也看不出他的思想。姑不論其為何許人，「詹何苦心傷神」只不過「與五尺之愚童子同功」，〈解老〉是藉這個故事強調「實觀勝於臆度」、「行事須求功用實效」，這是可以肯定的。它不從《老子》棄智崇樸的觀點著筆，詹何其人的表現也沒有道家的色彩，因此，還是法家意味濃厚。

〈解老〉本段引文裡「愚之首」，今本老子作「愚之始」。「首」與「始」雖可以互訓，就〈解老〉文義看來，「魁首」〔註60〕之意比「起始」要來得顯明。意謂：「前識不但不是智中之智，竟是愚者之愚。」《老子》原義卻是以「愚之始」與「亂之首」相對，一斥禮為亂源，一斥智為愚始，二字互訓。就這個角度而言，〈解老〉又是自出機杼，不同於《老子》哲學了。

九、居厚處實

對於《老子》卅八章的尾聲：「是以大丈夫處其厚不居其薄；處其實，不居其華。故去彼取此。」〈解老〉也有簡扼的闡釋：

所謂「大丈夫」者，謂其智之大也。所謂「處其厚不處其薄」者，行情實而去禮貌也。所謂「處其實不處其華」者〔註61〕，必緣理，不徑絕也。所謂「去彼取此」者，去貌、徑絕，而取緣理、好情實

〔註60〕王煥鑣《韓非子選》：「愚之首，愚人中的魁首，猶言愚之最甚者。」

〔註61〕「不處其薄」與「不處其華」，今本〈德經〉「處」作「居」，意同。

也〔註62〕。故曰：「去彼取此。」

本文直承第七、第八兩節而作結論。「處其厚不處其薄」是呼應論禮的「重質棄文」主張。「情」、「實」是「厚」，「禮」、「貌」是薄。「處其實不處其華」呼應上文避免前識的「無緣而妄意度」。「實」指必有「緣理」，有現實的依據，有檢驗的實理。「華」指「妄意度」，也即是「徑絕」、「武斷」。如此去除「薄」與「華」而揀取「厚」與「實」，就社會交際說，不要虛偽客套而採誠實態度；就思慮上說，不主觀妄斷，而要實事求是，這些話都與前文一致。

至於「大丈夫」一詞，認為是智慧很高的人，若就《老子》的立意，該是「大智若愚」的聖人，唯其得道的聖人，才能不受外物表層虛華的誘惑，而直探大道實質的本體。因此，「言其智之大也」，斷非一般所謂智商特高、才氣外炫的聰明人。而在詞義上，與《孟子》所謂的「居天下之廣居，立天下之正位，行天下之大道；得志與民由之，不得志獨行其道；富貴不能淫，貧賤不能移，威武不能屈，此之謂大丈夫。」〔註63〕也絕不同。《孟子》的「大丈夫」是講操守、內聖外王、修己安人、擇善固執的標準儒生，〈解老〉的「大丈夫」卻仍是道家思想中的「得道之人」。

王協《老子研究》「復命」一節，曾指明：

> 能知復命，則老子處世之道，思過半矣。復命可分二說：一、復歸於古；一、復歸於嬰兒。要以原始為歸，所謂歸根是也。不能歸根，則不能靜；不能靜而煩擾起矣。……所謂「處其厚不居其薄」者，必由禮復歸於義，由義復仁，由仁復德，由德復道，然後謂之厚。

強調「處厚」的道理在復歸於大道，這個境界比〈解老〉所敘更廣，也更接近《老子》的哲學。《老子》經由對宇宙大自然的觀察，領悟人生哲理，認為人類生活欲望降低，無須紛競飾禮、任智取巧，由博返約，由文返質，復歸樸實的嬰兒狀態，便是「常德不離」（二十八章），不離道本，才能保全人類的天性，人類也才有幸福可言。《老子》是持退化歷史觀，要人回復原始古樸的生活的，那麼，所謂「去彼取此」，最終的目標當然不僅是「反禮反智」求「厚」、「實」而已，「道」是本體，所取的自然是「道」，一切「德」的最後歸趣仍然是「道」，這是由於人生哲學與本體論互相貫串之故。

〔註62〕「好情實」，「好」字當衍，宜從顧廣圻《識誤》刪。「緣理、情實」皆作「取」的止詞。

〔註63〕見〈滕文公下篇〉。

第三章　攝　生

《老子》學說玄妙深微，往往被後人拓衍附會，即如「善攝生」一詞，道教一流便以練氣養神之說加以發揮。張起鈞先生有個妙喻：「道家與道教精神不同，正如狗與熱狗絕不是一碼事兒一樣。」這話是有道理的。事實上，《老子》雖也說過「死而不亡者壽」(三十三章）的話，重點在說明「身歿而道猶存」〔註1〕，指的是人精神的不朽，並非神仙家意想的練氣養神足以長生不死。他認為不攝生正所以「善攝生」，《老子》五十章說：

> 出生，入死。生之徒，十有三；死之徒，十有三；人之生，動之死地，亦十有三。夫何故？以其生生之厚。蓋聞善攝生者，陸行不遇兕虎，入軍不被甲兵。兕無所投其角，虎無所措其爪，兵無所容其刃。夫何故？以其無死地。

人，生而有定數，可以長壽的，佔十分之三；死而有定限，生而夭折的，也佔十分之三；其餘的並沒有定限，卻自趨死亡，大抵是求生太過，適以致死，這也佔了十分之三。僅餘「善攝生」的只居十分之一，這種純任自然，少私寡欲，清靜樸實，乃是「以無生為生」〔註2〕，正因為不「生生」，適足以「生」。這是老子謙退、守柔、無為的必然主張，「無死」乃得「不死」，是不期然而然的效果，絕非刻意求生，至於練氣養神以求不老，更非老學本意。

《韓非子・解老篇》第卅、卅一節也有闡說《老子》五十章的文字。其中有偏解，也有發揮，我們可以順由上述《老子》哲學來加以探究。

〔註1〕見王弼《老子》卅三章註。
〔註2〕見王弼《老子》五十章註。

一、生寄死歸

〈解老〉第廿七節說：「道者，萬物之所然也；萬物之所稽也。……道者，萬物之所以成也。」萬物都出於道，道又出於自然。人生在世，打有生命開始，便是由自然的道體析出，這是個發端，從此展開了人生之旅；有朝一日生命終了，氣散化無，便又回歸大自然。因此，人的出生，是出於大自然；人的死亡，是歸入大自然。〈解老〉卅節說：「人始於生而卒於死。始之謂出，卒之謂入。故曰：『出生入死。』」它這種生死的領略是符合《老子》思想的，因為〈解老〉的道體論精粹無倫，已詳於前。由道體析出，再回歸道體，萬物莫不如此，生只是個發端，死只是個終結，人生誠然僅是一逆旅啊！真能透視人生的底蘊，那麼生也無須歡欣，死也無須嫌惡了。《莊子・大宗師篇》說：「古之真人，不知說（悅）生，不知惡死；其出不訢，其入不距（拒）。」〈至樂篇〉也說：「萬物出乎機，入乎機。」都是以「出」為生，以「入」為死。既知人生不過出入於造化，必然能順應若素，安泰自如，不汲汲營營以求生，也不悲悲惻惻以拒死。如此說來，我們的形體只是託付於自然，經過一生的勞碌，老了便是閒逸休養，死了便是還本停憩。《莊子・大宗師》說：「夫大塊載我以形，勞我以生，佚我以老，息我以死。」仍然是「出生入死」的觀念。而《淮南子》所謂「生，寄也；死，歸也。」〔註3〕更是「出生入死」的具體定義。

循著「生寄死歸」的意念，〈解老〉把一個人從有生命開始，迄死亡為止，以及求生過程由於嗜欲過度，生機耗盡而步上死亡，這三種歷程一概認定係一具相同的形骸，同樣是具備了四肢九竅的形骸：

> 人之身三百六十節，四肢九竅，其大具也。四肢與九竅十有三者，十有三者之動靜盡屬於生焉。屬之謂徒也，故曰：「生之徒也十有三者。」〔註4〕至其〔註5〕死也，十有三具者皆還而屬之於死，死之徒亦十有三。故曰：「生之徒十有三，死之徒十有三。」凡民之生生而生者固動，動盡〔註6〕則損也；而動不止，是損而不止也。損而不

〔註3〕《淮南子・精神訓》：「禹乃熙笑而稱曰：『我受命於天，竭力而勞萬民，生，寄也；死，歸也，何足以滑和？』」

〔註4〕今本《老子》無「也」「者」二字。王先慎《集解》曰：「者字緣下而衍。」

〔註5〕「其」字原脫，據顧廣圻《識誤》微藏本補。

〔註6〕孫楷第《讀韓非子札記》：「盡字涉下『生盡』而衍。此謂一動即損，下文『而動不止，是損而不止也』，正承此言之。」

止則生盡，生盡之謂死，則十有三具者皆為死死地也。故曰：「民之生生而動，動皆之死也，亦〔註7〕十有三。」

認為人活著的時候，四肢九竅或動或靜，都隸屬於人的生命；一旦死亡，這四肢九竅就都「還本」，歸於死的範疇。凡人不能像聖人一樣，懂得寶愛精神，靜心涵養，總是汲汲營營，沒有片刻休止，終究會耗盡生機，求生而反趨死亡，這樣「動之死地」，也是具備了四肢九竅。

〈解老〉以「四肢九竅」解釋「十有三」，是以數字觀念勉強湊合，就《老子》五十章全文探析，這種解說實在不如王弼注「十分有三分」來得周洽，可說是一種偏解。《老子》的本意，是說「生之徒」居十分之三，「死之徒」也居十分之三，另一類人，原本是「生之徒」，卻因為「不知常，妄作，凶」（《老子》第十六章），天機太淺，嗜欲過深，遠天忤道，於是自蹈於死亡之境，這就叫「動之死地」，這也居十分之三。《老子》原有意剔除此十分之九的「凡人」，而預留十分之一的「善攝生」者，以明「生生之厚」適足以害生，而歸結到「不攝生」才是「善攝生」。這也就是《老子》七十五章所謂的「民之輕死，以其求生之厚，是以輕死。夫唯無以生為者，是賢於貴生。」兩處議說正好互為佐證。元代吳澄解得最透切：「貴生，貴重其生，即生生之厚。求生之心重，保養太過，將欲不死，而適以易死。至人非不愛生，順其自然，無所容心，若無以生為者；然外其身而身存，賢於重用其心，以貴生而反易死也。」不過，〈解老〉雖然是偏義，它以「四肢九竅」做個線索，貫串了「生」與「死」，並且拿「動之死地」來涵蓋一般人求生的狀態，卻還貼合《老子》的哲理。因為人類一副皮囊，確實是如此這般，出於自然，而後汲汲營營，勞苦不休，終究又回歸大自然的啊！難怪後代還是有不少《老子》的註家，採用「四肢九竅」的解說〔註8〕。

如果我們把《老子》的道體，看作是生命緜延不絕的總依據，那麼，從「生寄死歸」的觀點進一步推衍，便是《莊子》「生死一氣」的理論。《莊子．知北遊》說：

生也死之徒，死也生之始，孰知其絕！人之生，氣之聚也，聚則為生，散則為死。若死生為徒，吾又何患！故萬物一也。是其所美者

〔註7〕引文與今本《老子》微異。「亦」字原作「之」，據盧文弨《拾補》改。

〔註8〕河上公註《老子道德經》云：「言生死之類各有十三，謂九竅四關也。」張默生《老子章句新解》：「十有三，是說的四肢九竅，合而為十三。」

> 為神奇，其所惡者為臭腐；臭腐復化為神奇，神奇復化為臭腐。故曰：「通天下一氣耳。」

氣聚則有生命，仍是「死」的徒類；氣散則死亡，死亡後氣化為無，歸入宇宙本體，由宇宙本體又化生萬有，如此又開始另一新生命。死，仍是「生」的本始。一個人倘若能深深領略：生是「不形之形」，死是「形之不形」，實則是互為終始，那麼短暫如「白駒過隙」的一生，一旦倏忽結束，也就可以看成人「大歸」於自然了。人到了這種境地，便是超脫了生死觀念的束縛，已經「解其天弢，墮其天袠」〔註9〕，無所不適了。

以《莊子》「生也死之徒」和〈解老〉「生寄死歸」的理論相較，顯然〈解老〉所留意的乃是較為切體的現實層面的常見事體，《莊子》則是形上學齊死生的哲理的領悟。而兩者都以「道體是萬有的總依據」為前提來發論，也都由《老子》「出生入死」的觀念拓展而成。

二、避害塞原

一般人未能善持生機，自我殘損，「動之死地」，確實可悲可憫！〈解老〉由此得出了結論：「是以聖人愛精神而貴處靜。」寶愛精神，處靜勿躁，正是為求「無損」、「不妄動」，便是擺脫「動之死地」的訣竅。這句話一則作上文的了結，一則啟下文的議論，事實上正是要引發「善攝生」的道理。〈解老〉卅一節闡說「陸行不遇兕虎，入軍不備（《老子》今本作「被」）甲兵」的道理說：

> 夫兕虎有域，動靜有時，避其域，省其時，則免其〔註10〕兕虎之害矣。民獨知兕虎之有爪角也，而莫知萬物之盡有爪角也，故〔註11〕不免於萬物之害。何以論之？時雨降集，曠野閒靜，而以昏晨犯山川，則風露之爪角害之；事上不忠，輕犯禁令，則刑法之爪角害之；處鄉不節，憎愛無度，則爭鬥之爪角害之；嗜慾無限，動靜不節，則痤疽之爪角害之。好用其私智而棄道理，則網羅之爪角害之。兕虎有域，而萬害有原，避其域，塞其原，則免於諸害矣。凡兵革者，所以備害也。重生者，雖入軍，無忿爭之心；無忿爭之心，則無所用救害之備。此非獨謂野處之軍也。聖人之遊世也，無害人

〔註 9〕以上援引詞語皆見《莊子．知北遊篇》。
〔註10〕「其」作「於」字用，詳裴學海《古書虛字集解》。
〔註11〕「故」字各本無，從陳奇猷《集釋》補。

之心，則必無人害；無人害，則不備人。故曰：「陸行不遇兕虎，入軍不備甲兵。」入世不恃備以救害〔註 12〕，遠諸害，故曰：「兕無所投其角，虎無所錯其爪，兵無所容其刃。」不設備而必無害，天地之道理也。體天地之道，故曰：「無死地焉。」動無死地，而謂之「善攝生」矣。

這段文字相當冗長，姑且先就「陸行不遇兕虎」加以探析：在陸地上，要算猛虎與犀牛對人類最具威脅性，但是人們忽略了一點，犀牛猛虎的爪角雖然厲害，它出現有一定的時間，活動有固定的區域，只要避開那些時間、地點，便可以完全不受傷害；而萬物卻有無形的爪角，由於人們過於疏忽，往往在不知不覺間傷害了人。〈解老〉的例證是：

1. 起居不時——被風露所傷
2. 不忠犯令——被刑法所罰
3. 處鄉不節——為爭鬥所苦
4. 嗜欲無限——百病叢生
5. 逞智背道——難逃天網

唯一杜防的方針，便是提高警覺，如防犯兕虎一般，省視萬物無形的患害，早早塞止禍源。

元代吳澄解釋《老子》五十章，有幾句話：「凡人不以憂思嗜欲損其內，不以風寒暑溼侵其外，及入世能遠刑誅兵爭壓溺之禍，此三者皆生之徒也。其反是者，逸貴之人內傷，勞賤之人外傷，覊悍之人不終其正命，此三者皆死之徒也。」〔註 13〕吳氏所提的極欲避去的「損其內」、「侵其外」與「禍」其身的項目，正是韓非〈解老〉第四、第一及第二項，或許吳氏正是託本於〈解老〉的吧！「凡人」倘若能如此，不僅是個「生之徒」，而且也是「善攝生」的「聖人」了。張默生先生主張：「原文中的『兕虎』、『甲兵』，當看作『物欲』解。所謂『傷生之具』、『伐性之斧』者是也，世上『求生之厚』的人，都是自觸兕之角，自履虎之尾，自投兵之刃，正是動至死地者，必如此解釋，此段文字才有意義。」把「兕虎」的詞義拓廣，看成象徵性的傷害物，這是有見地的。《老子》原是深思凝鍊的作品，以一事涵蓋萬端，也是常例。

〔註 12〕「入世」原作「入山」，依顧廣圻《識誤》改。「入軍不備甲兵」之上原有「故曰」二字，本在「以救害」之下，從陶鴻慶《札記》刪之。

〔註 13〕引自魏源《老子本義》，頁 57。

〈解老〉雖不曾點明拓展詞義，卻已明示溢於辭外的許多深刻哲理，作者是有睿見的。

就〈解老〉所舉的例證而言，第二項尊君忠主觀念的揭示，很有法家思想的傾向，顯見作者深深體念歷史進展，人群君國組織勢所切需，絕不可能單求個人道德的向上提升，而回歸於原始樸質、無須法治的社會。本來，法家的「法治」是由「禮治」的不敷應付戰國紛亂局面才逐漸明朗化的，若就《老子》憧憬渾樸的理想社會，要把人類帶回古始的純真狀態，自然不須法治，因而《老子》之書不談刑法。〈解老〉對於刑法的強調，由「法令」的重視（如第十五、二十、二十一節）到本段對君國的忠愛，其法家意識漸趨明朗化，是不能忽視的。

除了「忠上守分」一點法家形跡之外，〈解老〉的立旨大都能貼合《老子》的原意。〈解老〉常以「道理」來賅括天地間的自然之道（如十二、十四及本節），要人遵行不違，以自求多福。本段所謂「好用私智而輕棄道理，則網羅之爪角害之。」愚意以為好用私智是指人為自逞聰明，如此必然不能遵循天道，而將觸犯「天網」。《老子》七十三章說：「勇於敢則殺。」好逞私智，背棄大道，正與道家主張「棄智守道」相反，而犯大忌。與「勇於敢」相去無幾，必難逃天網。一般理解，總認為「網羅」係指「法網」，其實前文已有「刑法之爪角害之」，此處不必要再重複，而《老子》七十三章所謂：「天之道不爭而善勝，不言而善應，不召而自來，繟然而善謀，天網恢恢，疏而不失。」也是關照人，要順應天道，柔弱卑下。「法網雖密，猶有幸而免，不幸而罹者；天網疏闊，恢恢寬大，若不足以快人意者，然而吉凶禍福之報，各稱其業，蓋毫釐之不差也。」〔註 14〕〈解老〉的立說正是此意，解作「天網」，意境較佳。就第三項例證來說：《老子》主張謙遜，說「夫唯不爭，故無尤。」（第八章）〈解老〉要人避免「居鄉不節，憎愛無度」，該可以少招怨尤而除去爭鬥之苦。就第四項例證來說：《老子》主張「致虛極，守靜篤。」（第十六章）要人「少私寡欲」，〈解老〉冀望人能擺脫無限的嗜欲，動靜有節，確實是《老子》處靜、儉欲的意念的發揮。不過，〈解老〉的議說不僅是留意心上的工夫，而且也涉及生理的攝養，這一點是比《老子》理路還要廣泛，該是後人養生論對《老子》「攝生」說的補足，晉代的嵇康著有〈養生論〉，結語說：

〔註 14〕見王道《老子億》。

善養生者，則不然矣。清虛靜泰，少私寡欲。知名位之傷德，故忽而不營；非欲而強禁也。識厚味之害性，故棄而弗顧；非貪而後抑也。外物以累心不存，神氣以醇白獨著。曠然無憂患，寂然無思慮。又守之以一，養之以和，和理日濟，同乎大順。然後蒸以靈芝，潤以醴泉，晞以朝陽，綏以五絃，無為自得，體妙心玄。忘憂而後樂足，遺生而後身存。若此以往，庶可與羨門比壽，王喬爭年。何為其無有哉！

嵇氏的理論，一方面融會道家虛靜寡欲的心理修持，一方面也切實留意生理上的調養，以求延年益壽，立說相當完備。《老子》原是以不攝生為攝生，他的攝養是重精神而輕肉體的，這是他與養生家大異其趣之處。〈解老〉所縷述的攝養之方，雖遠不如嵇氏有完備的議說，卻已是後人附加的引申闡述，而成為後世養生、衛生理論的過渡橋樑，這點不可不解。

三、虛心無意

根據〈解老〉對「入軍不被甲兵」的闡說，「被」字作「備」，立意與《老子》原旨完全不同。在訓詁學上，「被」與「備」原可互假，但〈解老〉當作「防備」、「裝備」看，便毫無「身被」、「身受」之意。它是指「入軍時不必備有兵刃鎧甲」，絕非「不受兵刃所傷」。若從《老子》原文探析，「陸行不遇兕虎」與「入軍不被甲兵」對文，「兕無所投其角」與「虎無所措其角」極言「兕虎」不能傷；「兵無所容其刃」正是說明「兵刃」不能傷。一般《老子》解本，將「被」解作「受」，是貼合全章旨意的，〈解老〉這個命意又是個偏解了。

話雖如此，若要探究何以善攝生者，不為兕虎所傷，不被兵刃所害？個中因由就煞費推敲了。〈解老〉對這問題的解說是精善的。說：「聖人之遊世也，無害人之心，則必無人害。」前文的重點，〈解老〉把握了「處靜」的意義，全從如何避去禍害著墨，正因為作者著眼於外禍的逃避，因而把「不被（備）甲兵」的「備」字解作「配備」、「防備」的備。倘若僅止乎此，那麼「有所避」、「有所備」，還不是《老子》純任自然，無往不利的聖人行徑。至於「無害人之心，則必無人害」，便點明了聖人處世虛心無意，圓融周洽的深遠哲理。《老子》說：「方而不割，廉而不劌，直而不肆，光而不耀。」（五十八章）聖人效法天道，謙冲含蓄，自甘黯淡。既內斂、含藏，自然不侵逼他人，又怎會有「害人之心」？正因為沒有招惹外物，引人嫉恨，也就「必無人害」，可以無咎無禍了。這是聖人內省返視，所得出的處世智慧。〈解老〉這兩句話，外表似乎很平凡，卻必須如此看，才能與下文「天地之道理」、「體天地之道」立意貫串，並且符合《老子》哲理。

《莊子》對於《老子》的攝生之道，體會深刻，並且有所發揮。他認為能夠無心無意，就能夠全神、養生、盡年：

> 聖人處物不傷物。不傷物者，物亦不能傷也。(〈知北遊〉)

> 夫醉者之墜車，雖疾不死。骨節與人同而犯害與人異，其神全也。乘亦不知也，墜亦不知也。死生驚懼不入乎胸中，是故遻物而不慴。彼得全於酒而猶若是，而況得全於天乎？聖人藏於天，故莫之能傷也。復讎者不折鏌干，雖有忮心者不怨飄瓦，是以天下平均。(〈達生〉)

> 方舟而濟於河，有虛船來觸舟，雖有惼心之人不怒；有一人在其上，則呼張歙之；一呼而不聞，再呼而不聞，於是三呼邪，則必以惡聲隨之。向也不怒而今也怒，向也虛而今也實。人能虛己以遊世，其孰能害之！(〈山木〉)

聖人處俗，和光同塵，利而不害，故不傷物。反過來說，由於聖人無心虛意，就如虛舟、飄瓦，即使偶然傷人，也絕不至惹人憤懣，因此萬物對於聖人是絕對不傷害的了。這是由《老子》虛靜謙退，濡弱處下的哲理發展開來的處世智慧，正好做為「陸行不遇兕虎，入軍不被甲兵」的闡釋。〈解老〉的立意又正好與《莊子》之言相符，「人能虛己以遊世，其孰能害之！」不是與〈解老〉所謂「聖人之遊世也，無害人之心，則必無人害。」如出一轍？

前文提及，〈解老〉將「入軍不被（備）甲兵」的「備」字解作「裝備」、「配備」、「防備」。作者認為：兵革是防備禍害之用的，但重生之人沒有忿爭之心，防備禍害之用的兵革便失去用途。在處世哲學上亦是如此，既虛心無意，不害人，也不被人害，無須仗恃任何防備，而自然暢行無阻，這正是天地生成的律則！《老子》說：「天之道，利而不害。」（八十一章）試看天地萬物，各遂其生，無須偏護，都能成就。因而《老子》才說：「天地不仁，以萬物為芻狗；聖人不仁，以百姓為芻狗。」（五章）正因為有把握萬物各有憑藉，可以自遂其生，才能不加輔導，順其自然。萬物有某一樣短處，必然也有某一項長處，彼此可以相濟，而求得生存，所以《老子》說：「天之道，損有餘而補不足。」(七十七章)就這個思路看，達爾文進化論所謂的生存競爭、自然淘汰，是不能納入《老子》自然之義的範疇的；倒是〈解老〉「不設備而必無害，天地之道理也」，堪說貼合《老子》意旨。誠能善體此道，講究處世的一套濡弱謙下的哲學，必然是「動無死地」，不就是「善攝生」了嗎？

第四章　嗇　惜

本章係就《韓非子・解老篇》有關《老子》五十九章的詮釋文字，提出加以辨析討論。〈解老〉是現存研究《老子》哲學的最古資料，對老學多所發揮，其間卻也不無超越道家思想範疇而傾向於法家思想的詞語，顯見法家觀念的混淆。筆者以為可視為道、法兩家思想遞衍之際的過渡作品。值得注意的是：〈解老〉雖然大多是精粹的道家思想，卻不能完全作為道家理論的依據；〈解老〉雖然是詮釋道家言論，卻也不能忽略其間隱隱透露的法家消息。

一、治人事天莫若嗇

《老子》講求嗇惜之道，絕非物質上的節省，而是精神上的愛惜。所謂「收斂靳惜，不敢侈然自放」〔註1〕，可說是「嗇」字最貼切的詮釋。天之道，戒滿盈，戒侈泰〔註2〕，過分的消耗，必然損及精神，在天道循環演變之下，自會趨於敗亡；因此，聖人寶愛心神，「有而不用」〔註3〕，正是高瞻遠矚，效法天道的必然措施。《韓非子・解老篇》第十五節解釋「治人事天莫若嗇」的道理，說：

> 聰明睿智，天也；動靜思慮，人也。人也者，乘於天明以視，寄於天聰以聽，託於天智以思慮。故視強則目不明，聽甚則耳不聰，思慮過度則智識亂。目不明，則不能決黑白之分〔註4〕，耳不聰則不

〔註1〕見王道《老子億》。

〔註2〕《老子》第九章：「金玉滿堂，莫之能守。富貴而驕，自遺其咎。功遂身退，天之道。」二十九章：「聖人去甚，去奢，去泰。」

〔註3〕蘇轍《老子解》：「聖人有其能而不盡其用，嗇者有而不用也。」

〔註4〕王先慎《集解》：「分」，當依下文作「色」。

> 能別清濁之聲，智識亂則不能審得失之地。目不能決黑白之色則謂之盲，耳不能別清濁之聲則謂之聾，心不能審得失之地則謂之狂。盲則不能避晝日之險，聾則不能知雷霆之害，狂則不能免人閒法令之禍。書之所謂「治人」者，適動靜之節，省思慮之費也。所謂「事天」者，不極聰明之力，不盡智識之任〔註 5〕。苟極盡則費神多，費神多則盲聾悖狂之禍至，是以嗇之。嗇之者，愛其精神，嗇其智識也。故曰：「治人事天莫若嗇。」

〈解老〉所敘的是道家思想。相信人稟於自然（天），而有聰（聽力）、明（視力）與睿智，依憑天賦，適當運用，便具有相當的能力。這與《尚書．皐陶謨》所說：「天聰明，自我民聰明；天明畏，自我民明威。」顯然大不相同。儒家是天人合一論，它的天是義理之天，天的耳目視聽即來自百姓，天揚善罰惡，也全憑百姓的意見而決定。它是以人心通達天心，相信天也具有視聽能力，藉以反映得民和的重要，是民本政治的先聲。〈解老〉的「天」仍是道家客觀的自然之天，它沒有意志，同於《老子》，也與《荀子》的〈天論〉相符；但所謂依憑天賦而視聽思慮，卻又近於儒家「天命之謂性」(《中庸》)的主觀論調，而與《老子》客觀的本體論微有出入。

〈解老〉說明：一個人天賦的資稟，必須善加珍惜，如果過份消耗，便將擾亂官能，不能辨別黑、白、清、濁，不能審得、失、成、敗，成了所謂盲、聾、狂之人。《呂氏春秋．本生篇》有段類似的議論：

> 今有聲於此，耳聽之必慊，已聽之則使人聾，必弗聽；有色於此，目視之必慊，已視之則使人盲，必弗視。

人受物欲誘惑，沈溺聲色耳目之娛，往往戕身害性，全由於不能自我節制。而〈解老〉與《呂氏春秋》兩段話「盲、聾、狂」的內涵，無疑直接承自《老子》第十二章：「五色令人目盲，五音令人耳聾，五味令人口爽，馳騁畋獵，令人心發狂。」它很有些象徵的意味，指的是即將破壞天生視聽思慮的效能，而不一定就是失去視、聽、思慮的能力。《韓非子．揚搉篇》說：

> 夫香脆美味，厚酒肥肉，甘口而病形；曼理皓齒，說情而損精。故去甚去泰，身乃無害。

也是說明外在美好的享受，將損耗身心；並且進一步套用《老子》的話，點

〔註 5〕任，松皐圓《纂聞》：「猶用也。」愚以為「任」與「力」對文，可解為「能」。《韓非子．定法篇》：「術者，因任而授官，循名而責實。」「任」字，太田方《翼毳》解作「能也」。

明不要過份貪耽於嗜欲。這當然是醇郁的道理言論，和〈解老〉本段一樣，只不過〈揚搉篇〉下文立即轉入如何運用道家理論來發揮法家人主統御術〔註6〕，〈解老〉卻沒有這種形跡，也許是它的詮釋意義重於議論吧！

〈解老〉進一層闡述：這些盲、聾、狂悖之人，由於耗竭心神，在宇宙律「物極必反」的狀態下，勢必招引禍患，身罹不幸。既是如此，還是《老子》所說的「好靜」、「無欲」（五十七章）的好。即使做不到「好靜」、「無欲」，至少也得「適動靜之節，省思慮之費」（治人）。這是竭盡人為，在珍惜天賦的「聰明睿智」的能力（事天）上所做的方略。〈解老〉的「治人事天」，正是將「治人」看成是人為「事天」的策略。這段闡說很值得留意，因為一般《老子》註本都不用這種解釋，試看：

> 河上公：治理人民；用天道，順四時。（《老子道德經》）
>
> 王弼：上承天命，下綏百姓，莫過於此。（《老子注》）
>
> 王道：事天，謂全其天之所賦，即修身之謂也。（《老子億》）
>
> 林希逸：治國者如此，養生者亦如此。（引自陳鼓應《老子今註今譯及評介》）
>
> 張默生：持身、治世。（《老子章句新解》）
>
> 嚴靈峰：管理他人，培養自己的天賦（順事天理）。（《老子達解》）
>
> 陳鼓應：治理國家，養護身心。（《老子今註今譯及評介》）
>
> 余培林：治人、修身。（《老子讀本》）

〈解老〉是將「治人事天」看成一體兩面；一般註本卻是針對《老子》五十九章全文立意，「治人」指對人而言，治理國家，治理人民，因而有些版本作「治民」。「事天」的解釋，除河上公註之外，都指「修身」。由明人王道「全其天之所賦」來看，與〈解老〉「不極聰明之力，不盡智識之任」的說法尚無出入，而涵義則更廣，也就是說「修身」的解說遠比〈解老〉本來得廣泛。《孟子》所謂「存其心，養其性，所以事天也。」〔註7〕詞意近似，卻是肯定天的善德，賦予人明心善性，認為人若能善加存養，便是事天之道。〈解老〉與《孟

〔註6〕下文有「聖人執要，四方來效；虛而待之，彼自以之。……夫物者有所宜，材者有所施，各處其宜，故上乃無為。使雞司夜，令狸執鼠，皆用其能，上乃無事。」是法家君主無為而責成臣子各盡智能的主張。

〔註7〕《孟子．盡心篇上》：「孟子曰：盡其心者，知其性也。知其性則知天矣。存其心，養其性，所以事天也。」

子》同是將「天」解做原意，後起的註家就已多引申為「身」、「身性」〔註8〕，其因由不外是依據《老子》五十九章全篇文義揣探而得。相對的，〈解老〉表現的雖是道家思想，以五十九章全篇文字來衡量，便有細碎之嫌，換言之，它是以句立意，而不是以篇釋義，只能適用於特定一句，究竟不是最妥善的闡釋。

〈解老〉認為：瞎了眼的人不能躲避明顯的危險，聾了耳的人不能領略雷霆的大害，著迷發狂的人心中有所蔽，就不能兢兢守法，免不了法令的處罰。這些話隱約扣緊《老子》所謂不能處卑就下，縱欲無度便足以招禍的意旨；但「狂則不能免人間法令之禍」卻流露了法家思想的一點痕跡。狂者所能遭遇的禍患多得很，獨獨舉出「法令」二字，顯然是作者特別關心這點。若依古今律法，狂人犯罪，還往往顧念其不能自制，無犯罪意識，要從輕發落的。再說，《老子》書是不談法令的，他感嘆世風日下，只談到「禮為亂之首」（卅八章）為止。他雖說「法令滋章，盜賊多有」（五十七章），重點在強調法令不足以救亂，而須由人心虛靜著手振救，無為無事，以求人民自然樸質歸化；並未嘗像法家一樣，斷斷以趨賞避罰而來勸戒百姓，這可以說攙雜法家的觀念在內了。

除了前述的一些缺失以外，〈解老〉這段文字倒是醇乎醇的道家言，它對「嗇」字的解釋「愛其精神，嗇其智識」與下段「聖人之用神也靜，靜則少費，少費之謂嗇」相為呼應，也是千載註家常常引用的最妥善的詮釋。

最後，就考證上一個問題來說，顧歡、李榮、強思齊的老子版本，「治人事天莫若嗇」的「嗇」字作「式」，有「法式」、「規律」之意，取義亦佳。不過，以〈解老〉文字看來，《老子》本作「嗇」是不用置疑的，日人武內義雄將「式」字看成「嗇」的借字〔註9〕，便解決了這個疑慮了。

二、聖人務嗇則早服

嗇惜之道，並不是一般人都能領悟得了的。只有聖人因為遵行大自然的

〔註8〕《呂氏春秋·本生篇》:「聖人之制萬物也，以全其天也。」高誘注:「天，身也。」奚侗《老子集解》:「嗇以治人，則民不勞；嗇以治身，則精不虧。」嚴靈峰先生曰:「天，猶身性；以全其天也。事天，猶言治身也。」(引自陳鼓應《老子今註今譯及評介》，頁196)

〔註9〕武內義雄曰:「敦、遂二本『嗇』作『式』,『式』為『嗇』之借字。」(引自朱謙之《老子校釋》，頁153)

道理，才懂寶愛心力，珍惜精神。道家的智慧，得自對大自然冷靜的觀察分析：宇宙長存之物，都是寶愛心力，有餘而不盡，才能生生不息。聖人睿智，便不肯和一般人一樣耽於物欲，急躁爭勝，耗竭心神；而要及早遵行大自然的道理，虛靜謙退，少費精氣，自求多福。〈解老〉第十六節說：

> 眾人之用神也躁，躁則多費，多費之謂侈。聖人之用神也靜，靜則少費，少費之謂嗇。嗇之謂（為）術也，生於道理〔註10〕。夫能嗇也，是從於道而服於理者也。眾人離於患，陷於禍，猶未知退，而不服從道理。聖人雖未見禍患之形，虛無服從於道理，以稱蚤（早）服。故曰：「夫謂嗇，是以蚤（早）服。」〔註11〕

靜躁與嗇侈，是聖人與眾人區別之處。能靜能嗇才能絕少思慮，清明無欲，不受外物干擾，保存純樸的狀態，深體自然之道。也唯有深體自然之道、履踐自然之道的人才能嗇惜。所以說「嗇之為術，生於道理」一句，是本段的主眼，它說明「嗇」的原則出於「道」，因而是適用的萬全之策，若能履行「嗇」的道理，也就不離渾樸的道體。「人法地，地法天，天法道。」（二十五章）法道是獲致人生幸福的途徑，《老子》的弱道哲學是主張人要「濡弱謙下」〔註12〕的，「嗇」既出於道，運用於日常行事，也必是謙退處後，絕不致如一般人身罹禍患，還不知後退，禍患如丘山橫擺在眼前，仍然懞懵未覺。再說宇宙萬物並非一成不變，但它的多變是循序漸進而非突然的劇變，任何事務的發生，都是由細微潛隱處慢慢生長成功。《老子》說：「其安易持，其未兆易謀，其脆易泮，其微易散。」（六十四章）「嗇」道的運用，要想「少費」，必定是未兆預謀，「圖難於其易，為大於其細」（六十三章），那麼所謂「禍患」也自然成不了氣候〔註13〕，這是聖人大異於常人之處，推究因由，全在於他能「嗇」，能「早日服從道理」。

〈解老〉這段議論，相當精粹，貼合《老子》的玄旨，其為道家言無疑。只是，《老子》書中不見一個「術」字，〈解老〉卻常運用，它的意義雖然還在「方術」、「方略」、「方法」；並沒有法家人君潛御群臣刑名之學的密術的意味，卻不能不說是觀念詞語的混淆。當然，它在不以詞害義的原則上，我們

〔註10〕王先慎《集解》：「為謂古通。」按：組合式詞語一般用「某某之為某某」的句法，作主語，等待下句形容說明，意思才完足。

〔註11〕陳啟天《校釋》引裴學海《古書虛字集釋》：「謂，猶為也；以，猶謂也。」

〔註12〕見《莊子・天下篇》。

〔註13〕參閱張起鈞《老子哲學》，頁25「嗇應道之動」。

仍該認定是表現道家的思想。

宇宙萬物是在大道失去渾沌以後逐一產生的，而且愈演愈繁雜，遠離道體。《老子》說「有物混成……字之曰道，強為之名曰大。大曰逝，逝曰遠，遠曰反。」（二十五章），由「大」而「逝」，由「逝」而「遠」，正是人們胡行妄為，日趨複雜的寫照；由「遠」而「返」，則是回歸於道體的渾沌，是聖人「法道」的作為了〔註14〕。所以〈解老〉的「服從於道理」，由「遵行自然的軌則」發義，實則與「回歸於道體」並無二致。那麼「早服」若解作「早復」在蘊意上差別也並不大。日人波多野太郎據其國內學者武內義雄《老子研究》之說，認為王弼《老子注》「早復常也」似依十六章「復命曰常」而註，主張當作「早復」。其實我國學者，由宋代的范應元、司馬光、朱熹，以迄近代的馬敘倫、奚侗、胡適等都主張作「早復」，只是范氏說得折衷些：「復乃本字，服乃借字。」〔註15〕這些考據在探測老學的目標來說，並不算浪費；而筆者所謂「早日服從於道」與「早日回歸於道」蘊意相近，卻也並非意味著二者完全相等。因為「服從於道」指著奉自然之道為法，「回歸於道」卻是一種自覺的努力。根據〈解老〉本段「從於道而服於理」、「不服從道理」、「虛無服從於道理」，三度用「服從」來解釋，作者所見的《老子》版本自然是作「早服」，這點是可以肯定的。

「早服」二字，解釋《老子》的有一說，採用清末姚鼐「服者，事也」的詮釋，認為事物未至，早作準備〔註16〕，實不及韓非〈解老〉這番闡釋能貼合《老子》本意。

至於高亨懷疑《老子》原該作「早服道」，與「重積德」句法相同，辭意相因〔註17〕。愚意「早服」之下省略止詞，讀者可以領會得到，後人實在很難據此臆測原有「道」字；即令是有，〈解老〉作者所見的，也是早有脫文的了。

三、虛靜則莫知其極

上文敘及：上天賦予人「聰明睿智」的潛能，人們配合了適當的人為，

〔註14〕參閱張起鈞《老子哲學》，頁20、21「法道」。

〔註15〕詳見波多氏《老子王注校正》卷三，頁60，朱謙之《老子校釋》，頁154、155。

〔註16〕張默生《老子章句新解》：「姚鼐云：服者事也。嗇則時暇而力有餘，故能於事物未至，而早從事以多積其德，逮事之至而無不克矣。」陳鼓應《老子今註今譯及評介》從其說。

〔註17〕見高氏《老子正詁》，詳朱謙之《老子校釋》，頁155。

便有了「視聽思慮」。這份稟賦是得之於天，必須善體天道，寶愛珍惜，使源頭活水，永無止盡，因而說「治人事天莫若嗇」。既然「治人」是「適動靜之節，省思慮之費」，而且「聖人之用神也靜，靜則少費，少費之謂嗇」。那麼真正懂得「治人」的，必然是「思慮靜」了。〈解老〉第十七節首句「知治人者，其思慮靜」，正是承上兩節的結論推衍而來的。這句話粗看與《韓非子．主道篇》「人主之道，靜退以為寶」很類似〔註 18〕，其實不然。〈主道篇〉的論說，是借道家虛靜處後的處世原則，來發揮法家治國的理論。要國君不自操事計慮，純任人臣，使智者盡慮，賢者效勞，而國君坐享成名。他控馭群臣，是運用形名術，執契操符，以求驗合，根據人臣的言事，論功罪而定賞罰〔註 19〕。這種「靜退」只是表相，骨子裡，國君還積極而大有作為的。而〈解老〉所謂「治人」，並不如一般《老子》註本解作「治理國家，治理百姓」，已詳於前；它所謂「思慮靜」，以「靜」來描繪「思慮」的狀態，是直承「嗇」之道而言的。兩者內涵大不相同。

由於「事天」是「不極聰明之力，不盡智識之任」，一個人的能力沒有發展到極限，既是充裕有餘，他的心自然虛靈不昧，所以〈解老〉第十七節第二句便說：「知事天者，其孔竅虛。」這個「孔竅」與〈喻老〉第十七節「空竅者，神明之戶牖也」中的「空竅」其實相同，只不過〈喻老〉下文說明耳目消耗、精神外洩〔註 20〕的後果；〈解老〉則扣緊十五節「聰明睿智」的虛靈，歸根究底仍以心的空明為主體。從這個線索，才引出下面的議論：

> 思慮靜，故德〔註 21〕不去；孔竅虛，則和氣日入，故曰：「重積德。」夫能令故德不去，新〔註 22〕和氣日至者，蚤服者也。故曰：「蚤服是謂重積德。」積德而後神靜，神靜而後和多，和多而後計得，計得而後能御萬物，能御萬物則戰易勝敵而論必蓋世〔註 23〕，戰易勝

〔註 18〕陳奇猷《集釋》於「思慮靜」下註云：案此即〈主道篇〉所謂：「人主之道，靜退以為寶。」

〔註 19〕〈主道篇〉云：「人主之道，靜退以為寶。不自操事，而知拙與巧；不自計慮，而知福與咎。是以不言而善應，不約而善會。言已應，則執其契；事已會，則操其符。符契之所合，賞罰之所生也。故群臣陳其言，君以其言授其事，以其事責其功。功當其事，事當其言，則賞；功不當其事，事不當其言，則誅。」

〔註 20〕〈解老〉第十七節：「耳目竭於聲色，精神竭於外貌，故中無主。」

〔註 21〕故德，舊有之德。「故」非連詞。

〔註 22〕王先慎《集解》云：「和氣日至無所謂新舊，新字當衍。」

〔註 23〕「而論必蓋世」原在下句「戰易勝敵」之下，從陶鴻慶說乙。

敵，論必蓋世，故曰「無不克。」無不克本於重積德，故曰：「重積德則無不克。」戰易勝敵則兼有天下，論必蓋世則民人從。進兼天下而退從民人，其術遠則眾人莫見其端末；莫見其端末，是以莫知其極。故曰：「無不克則莫知其極。」

這是順著《老子》五十九章中段逐一解釋的，其間已融入了許多法家思想。

首先，〈解老〉認為：一個人思慮沈靜，原有的德行不曾減失；心靈空虛不昧，不受喜怒哀樂的左右，永遠和祥安泰，因之樸質自然，接近道體。這種修己的素養得之於大自然的冲和之氣，也是聖人知天而能早早遵行天道的表現。這段話很貼切，能扣緊《老子》的意旨。由「積德」以下，〈解老〉用的是慣見的層遞手法，連環式的推論：能累積德行，於是神情平靜，也就冲和自然。計慮事理能客觀周密而有所得，如此計慮不失，便能統御萬物，進則攻戰易於制勝，可兼有天下，退則論議高出一世，能使人民服膺信從，這「無所不克」的根本之道還在於國君能「積德」。這是自個人修身到治國強國的道理了。道家講究以一知萬，執簡御繁。以客觀物象的觀照，發為人生處世的智慧，相信「能知古始，是謂道紀。」要「執古之道，以御今之有。」（皆見十四章）因此，所謂「統御萬物」之說是妥善的，這一部分議說也合於老氏原旨。韓非的法家思想，劃私德於政治領域之外，治民但求繩之以法〔註 24〕，當然與此不類。至於所謂「戰易勝敵，進兼天下」倒是很切合戰國時代一般君主積極的願望，儼然是法家致富圖強的勇猛霸術了。老子之政，在於恬靜無為，這說法顯然和《老子》所說的「不以兵強天下」（卅章），「小國寡民，老死不相往來」（八十章）的理想相違。最後，〈解老〉說：「君主的方術高遠莫測，眾人難以了解其始末」，如從道家的論點推想，是指聖人智慮深遠，能見眾人所未見，能知眾人所未知。但從上文看來，「無不克」並非「無往不利」，涵蓋面廣闊；而只用來指國家勢力的擴張，對付敵人，兼有天下，治理百姓，使之信從，這個「術」自然是指治國方略了。上句既是法家強猛的霸道，這句承上文便是法家令臣民竦懼的無為密術，也因此這個超乎《老子》詞彙的「術」字，更表現了作者強烈的潛在法家傾向。若看作道家轉化為法家的過渡作品，該是比較合理的。

〔註 24〕〈顯學篇〉：「夫嚴家無悍虜，而慈母有敗子，吾以此知威勢之可以禁暴，而德厚之不足以止亂也。」又云：「夫聖人之治國，不恃人為吾善也，而用其不得為非也。……為治者用眾而舍寡，故不務德而務法。」

《韓非子・揚搉篇》有聖人虛靜以待，秉要治國的主張：

聖人執要，四方來效；虛而待之，彼自以之。

故聖人執一以靜。謹修所事，待命於天，毋失其要，乃為聖人。……

虛靜以後〔註25〕，未嘗用己。

它運用道家理論來說明治國原則，比〈解老〉所謂「神靜……能御萬物」更為具體。又因為〈揚搉篇〉中多言人主因能任事〔註26〕與循名責實〔註27〕的主張，雖然體例特殊，不無疑慮；若以韓非思想體系來衡量，就比〈解老〉本段更接近韓非主要思想。而〈解老〉幾處明顯的法家思想跡象，也是吾人研究《韓非子》的重要線索，不宜輕易忽略過去。

四、體道則長生久視

「嗇惜」是出於人對大道的取法，而自我警覺，努力「復歸於樸」（二十八章）的一種工夫。深刻體會大道的人，自必取法大道，運用為適應人生的法則，這就是對道的體認。《韓非子・解老》第十八節也說到「體道」：

凡有國而復亡之，有身而復殃之〔註28〕，不可謂能有其國、能保其身。夫能有其國，必能安其社稷，能保有身，必能終其天年，而後可謂能有其國、能保其身矣。夫能有其國、保其身者，必且體道。體道則其智深，其智深則其會遠，其會遠，眾人莫能見其所極。唯夫體道，能令人不見其事極〔註29〕，不見其事極者為能保其身，有其國。故曰：「莫知其極，則可以有國。」〔註30〕

要想長有其國，長保其身，能安社稷，終天年，必須能夠「體道」。就前文的脈絡探尋，所謂體會大道，實踐大道，應該從「早服」著手，能夠「早覺其未損而嗇之」〔註31〕，因而真正具體的工夫還在於靳嗇精神，寶愛心力。話

〔註25〕虛靜以後，各舊本作「虛以靜後」，茲從陳啟天《校釋》依《纂聞》乙。

〔註26〕下文有「聖人執要，四方來效；虛而待之，彼自以之。……夫物者有所宜，材者有所施，各處其宜，故上乃無為。使雞司夜，令狸執鼠，皆用其能，上乃無事。」是法家君主無為而責成臣子各盡智能的主張。

〔註27〕〈揚搉篇〉云：「上以名舉之，不知其名，復修其形。形名參同，用其所生。二者誠信，下乃貢情。」

〔註28〕兩「復」字，原作「後」，從陶鴻慶《讀韓非子札記》校改。

〔註29〕「體道」二字原缺，從顧廣圻《識誤》補。

〔註30〕今本《老子》無「則」字。

〔註31〕見《朱子語類》。

雖如此，〈解老〉敘說卻很含胡；而就體道的效驗來看，是直承上節「其術遠則眾人莫見其端末」發論的。智慮深刻，計慮高遠〔註 32〕，使得眾人探測不到究竟，於是能保身保國，它的立意，不在質樸本德的回歸，而重在謀慮的深遠。這點很值得深玩。若從聖人領會深刻思慮周徧言，是勉強可以說得通的；但在含藏的內容中，我們不難揣探得到「炫智」、「用智」的斧痕。《老子》之學原是確認能早服務嗇便能渾沌不失本真，可以因應各種變化，無往不利，以之修身，可以「終其天年」，以之治國，可以「安其社稷」。〈解老〉的敘說既越出老學的範疇，有尚智崇術的跡象，便顯露作者有法家思想的傾向了。

〈解老〉談「嗇」道，起筆就不曾把「治人」看作對待人，治理百姓國家，已詳於前，作者立意是重在個人的修養。就由於此，它解釋「可以有國」，一再拿「保其身」並言。元代吳澄認為：「有國喻人之保有此身。」以《老子》五十九章通篇看來，似嫌偏義〔註 33〕，在解說上卻正與〈解老〉相合。

大道無所不包，無所不能，治國之術也由大道衍出，因此，大道是根源，一個人必須能「守道」〔註 34〕，才可以「長生久視」。《韓非子・解老》第十九節說：

> 所謂有國之母：母者，道也；道也者，生於所以有國之術。所以有國之術〔註 35〕，故謂之「有國之母。」夫以道〔註 36〕與世周旋者，其建生也長，持祿也久。故曰：「有國之母，可以長久。」樹木有曼根，有直根。直〔註 37〕根者，書之所謂柢也。柢也者，木之所以建生也；曼根者，木之所以持生也。德也者，人之所以建生也；祿也者，人之所以持生也。今建於理者，其持祿也久，故曰：「深其根。」體其道者，其生日長，故曰：「固其柢。」柢固則生長，根深則視久，故曰：「深其根，固其柢，長生久視之道也。」〔註 38〕

道是產生治國之術的根源，換言之：由道的發揮，才產生用以治國的方術。

〔註 32〕津田鳳卿《韓非子解詁》：「會，計算也。下文云：『人有欲則計會亂』是。」
〔註 33〕詳魏源《老子本義》。
〔註 34〕河上公註五十九章標題。
〔註 35〕依劉師培《斠補》，「所以」之上當有「生於」二字。
〔註 36〕以道，原倒，從梁啟雄《韓子淺解》乙。
〔註 37〕「直」字原脫，從俞樾《諸子平議》補。
〔註 38〕傳本及今〈德經〉無兩「其」字、「也」字。

《老子》說：「天下有始，以為天下母。既得其母，以知其子；既知其子，復守其母，沒身不殆。」（五十二章）也是把道看做天地萬物的本源，要人守道，以求終身不危殆。如此，〈解老〉用「道」來解「母」是貼切的了。〈解老〉將根分為直根、曼根，直根就是老子的「柢」，「柢」雖也有版本作「蔕（蒂）」，用法仍是「木根」，與今人意指果蒂的不同。《老子》所謂的「根」則相當〈解老〉的曼根，根本必須堅固，樹的枝葉才能長得繁茂。以人的修養做比方：萬物出於道，各具有相當的特質，這便是德，這個德的培養根源於道，要培養得堅固，必須善體大道，誠然能夠體道，自必能夠長生。人若能把道運用來處世，勢必順遂有成，祿位可以保持長久。簡扼的說，〈解老〉本段文字旨在說明：大道是立國處世的根源，能植根於道（而且要既深且固），自然能長久生長。

「長生久視」一詞亦見於《荀子・榮辱篇》、《呂覽・重己篇》、《說苑・修文篇》。「視」即「生」之意，「長生久視」指的是《老子》所謂「死而不亡者壽」（三十三章）的「死而不亡」，亦即《左傳》襄公廿四年所謂的「死而不朽」。乃指一個人能體悟大道，堅守大道，進而實踐大道，一任生的自然，得以保全本德，乃是精神的充實與不朽，並非淺看的形體不滅〔註 39〕。但是，就〈解老〉所敘，「建生也長」或上段「保其身，終其天年」意實一貫，是指形體無疑；「持祿也久」，更表明普通人對顯達宦位的戀棧，而與《老子》「功成身退」（九章）、「功成而不有」（三十四章）的理想相違。話雖如此，假若從人生層面的切實問題來推想，〈解老〉對「長生久視」的解說也頗足採納，瑕不掩瑜，我們不宜因小害大，抹煞了通篇的可取處。

〔註 39〕參閱徐復觀《中國人性論史》，頁 342。

第五章　三　寶

《老子》六十七章提及三寶說：「我有三寶，持而保之，一曰慈，二曰儉，三曰不敢為天下先。慈故能勇，儉故能廣，不敢為先天先，故能成器長。今舍慈且勇，舍儉且廣，舍後且先，死矣。夫慈，以戰則勝，以守則固，天將救之，以慈衛之。」依蔣錫昌《老子校詁》的看法，所謂「三寶」就是「三道」，也就是說，《老子》將「慈、儉、不敢為天下先」看做人生處世的三樣哲理；確信「慈柔儉退」終能達到「勇、廣」，為百官長的境地。《老子》往往是能覩人所不能覩，像柔而能剛、弱而能強的道理，一般人不易領略，因而這哲理便彌足珍貴；它的效驗又是出人意表，《韓非子‧解老》第卅五節說：「事必萬全，而舉無不當，則謂之寶矣。故曰：『吾有三寶，持而寶之。』」如此，「三道」是就理解上與實效上而言。以韓非的闡說看來，古人的領略，仍是「三樣珍寶」。當然，在實踐上，我們也可以說它原是三道，以其道彌足珍貴，因而呼為「三寶」就是了。

〈解老〉第卅二節至卅五節是解釋《老子》六十七章的文字。它對於「三寶」的剖述，大致能把握老子貴柔尚退的精神，卻又融入相當多的法家思想，很有《韓非子‧大體篇》所謂的「因道全法」的意味。

一、慈愛

「慈」是具備於人性中，人類本有的未經雕鑿的善德（動物也是天生有慈愛之性）。它是柔和的，卻蘊藏無盡的潛力，足以發揮驚人的震撼力量。〈解老〉第卅二節說明「慈」的作用，說：

> 愛子者慈於子，重生者慈於身，貴功者慈於事。慈母之於弱子也，務致其福則事除其禍，事除其禍則思慮熟，思慮熟則得事理，得事

理則必成功，必成功則其行之也不疑，不疑之謂勇。聖人之於萬事也，盡如慈母之為弱子慮也，故見必行之道。見必行之道則其從事亦不疑，不疑之謂勇，不疑生於慈。故曰：「慈故能勇。」

一個弱女子，肩不能挑，手不能提，一旦為人母，出於天性，為衛護嬰兒，卻可以忍飢耐寒，冒著風雪，背負著相當份量的孩子，跋山涉水，不覺辛勞，她潛藏著無比堅毅的耐力。這慈柔的少婦之所以成為剛毅的勇者，全基因於她一片天然的慈愛。「慈」不僅支撐一個人的肉體，發揮常人意料不到的力量；也推動一個人的精神，去計慮常人運想不到的事情。慈母對於柔弱的稚子，愛護備至，為他除禍致福，計慮周詳。由於計慮周詳，自然合乎事理，辦事必然成功，既有成功的把握，她行事便不會遲疑，不遲疑就叫做「勇」。據〈解老〉的闡釋，「勇」偏指「勇斷」，不指「膽勇」。是運籌帷幄、決勝千里的陰柔的「勇」，不是衝鋒陷陣、折衝樽俎的剛猛的「勇」。《老子》的哲理，是「正言若反」，往往突破常人所能理解的表象，就此而論，「慈故能勇」，原是由常見的「慈則不能勇」、「慈則不易勇」的理念推出，《老子》的「勇」該是含融了「剛猛之勇」的。話雖如此，〈解老〉闡說的陰柔的勇斷，在蘊意上更接近《老子》深邃的智慧，使後人不能不歎服。《老子》讚揚的「勇」，以「慈」為基礎而表現出來的，這種「勇」，雖也可能顯現為剛猛的狀態，卻是含藏無限柔韌質性的。「王赫斯怒」，其怒雖剛猛，卻可以「安天下之民」(《孟子・梁惠王下》)。既以「慈愛」為基點，它的「勇」便更具有持久性。倘若不能基於「慈愛」，「勇」便是強暴，這種血氣之勇，徒然僨事，所以《老子》說：「舍慈且〔註1〕勇，死矣！」從這個觀點再看〈解老〉肯定陰柔性的勇斷，就可見得作者的領略是可貴的了。

〈解老〉由慈母愛惜子女與重生之人愛惜身軀，推而至於「看重功績的人愛惜功業」，這種急進的功利眼光，很有些法家思想的傾向。「聖人之於萬事也，盡如慈母之為弱子慮也」正是直承「貴功者慈於事」而來。這聖人計慮萬事，周詳完善，其成功是必然的，卻已是有所作為，志在功利，絕非道家理想聖人的行徑；而且，從由「貴功慈事」，引述到「行事不疑」，用來涵蓋「慈故能勇」，並不完全貼合，顯見作者別有用心，卻藉解老推述個人部分法家的觀念。

就行文用詞方面說，「事除其禍則思慮熟，思慮熟則得事理，得事理則必

〔註1〕且，王弼注：「且，猶取也。」

成功」三句，與〈解老〉第十節所謂「行端直則思慮熟，思慮熟則得事理，……得事理則必成功」句式酷肖，足見作者是同一人，推論語句近似，因而不覺重複使用。

談到「慈」的效驗，《老子》認為「以戰則勝，以守則固」，〈解老〉第卅五節說：

> 慈於子者不敢絕衣食，慈於身者不敢離法度，慈於方圓者不敢舍（捨）規矩。故臨兵而慈於士吏則戰勝敵，慈於器械則城堅固。故曰：「慈於（以）〔註2〕戰則勝，以守則固。」夫能自全也，而盡隨於萬物之理者，必且有天生。天生也者，性〔註3〕也。故天下之道盡之（其）生也，若以慈衛之也。

韓非常愛舉人們因規矩而成方圓，設權衡而知輕重的原則，來推述他以法為治國準繩的理論〔註4〕這裡所謂「不敢離法度」，「不敢舍規矩」，也是前後呼應，它硬是把道家廣泛的「慈愛」，縮小範圍，來申明法家的法治主義。「慈於士吏」原可以賅括解為「重戰其卒」的；筆者倒認為陳奇猷氏的解說，很值得揣玩，他說：

> 慈於士吏則正賞罰，正賞罰則士吏不敗北而受誅戮。或謂慈於士吏為愛惜士卒，似與上文「慈於身不敢離法度」之旨不合，蓋不明此旨之失也。〔註5〕

事實上，「慈」仍然解為「愛惜」，但若承「慈於身者不敢離法度」句意疏解，以「正賞罰」來解說是說得過去的。〈解老〉的作者法家的法度觀念極強，第廿節強調「重變法」；廿一節說：「無刑罰法誅之禍」、「民不犯法，則上亦不行刑」；卅一節說：「事上不忠，輕犯禁令，則刑法之爪角害之」；在在都顯示作者對「法」的重視，因而疏解《老子》，不自覺一再大談《老子》所不忍涉及的「法度」。由這個線索探尋，愛惜士卒，以「慈身不離法度」推廣，必是明賞罰，賞罰嚴明，如果像《商君書・賞刑篇》所謂的壹賞，要使「利祿官

〔註2〕於，猶以也。見裴學海《虛字集釋》。下文「盡之生」亦猶「盡其生」也。

〔註3〕性，原作「生心」，高亨《補箋》云：「生心，當為性字之譌。」從改。

〔註4〕《韓非子》曰：「鏡執清而無事，美惡從而比焉。衡執正而無事，輕重從而載焉。夫搖鏡則不得為明，搖衡則不得為正，法之謂也。」（〈飾邪〉）「夫懸衡而知平，設規而知圓，萬全之道也。明主使民飾於法，知道之故，故佚而有功。」（〈飾邪〉）「寄治亂於法術，託是非於賞罰，屬輕重於權衡。」（〈大體〉）

〔註5〕見陳氏《集釋》，頁379。

爵搏（專）出于兵，無有異施也。」既是徹底獎勵軍功，士卒樂戰，有進無退，自然能「戰勝敵」了。而「慈於器械則城堅固」，也可看做是承「慈於方圓者不敢舍規矩」而來，製作器械盡合規矩，有了堅甲利兵禦敵，城守便可以堅固。如此疏解，一貫融通，辭義便明朗可見了。

我們姑且拋開〈解老〉的立意，直探老子的原旨吧！魏源《老子本義》曾有一段精要的說明：

> 蓋道以虛無為體，其運而為德，則以慈儉謙退為用。然德為萬物之母，則慈乃善之長也。與慈相反者莫如兵，故專以兵明慈之為用，而儉與不敢先皆在其中也。

就常理推想，用兵與慈愛原是互相牴牾的，但「慈愛」之於用兵，效用卻是能「勝」必「固」，也正因如此，才能說「慈故能勇」哦！而單說個「慈」，其他「二寶」也可類推了。說得明顯一些，慈愛之人原是「不樂殺人」（五十二章）、「不以兵強天下」（卅章），倘若勢非得已，用兵也是被動的，所以說「不敢為主而為客，不敢進寸而退尺」（六十九章）。由於慈愛，「但求勝敵而濟難，不敢恃力而增強〔註 6〕」，反而不戰而能屈人之兵。這是所謂的「慈故兵勇」〔註 7〕，頗有儒家力倡的「仁者無敵」的意味了。

如此一來，似乎老子的「慈」與孔孟的「仁」有其精神的會通處。《老子》原主張人必須對本生之德回歸，復樸返真，徹底的把心智作用消納掉。他要「絕聖棄智」、「絕仁棄義」（十九章），卻說明絕去仁義的目的，在於「民復孝慈」。那麼，這個「孝慈」是指人本心的善德，自然的流露，尚未受教化文飾所渲染的本德，因而徐復觀先生認為「六親不和有孝慈」（十八章）一語立意不同：「老子所反對的，是把仁義孝慈等當作教條，而並非反對其自然的流露。」〔註 8〕也唯獨如此闡發，《老子》以「慈」為三寶之旨，清代魏源所謂以慈賅括「儉與不敢為天下先」的蘊意才得以完全呈現。

二、儉嗇

《老子》五十九章說：「治人事天莫若嗇」，六十七章把「儉」列為三寶之一，說：「儉故能廣。」其實，儉者嗇也，都是寶愛精神，不竭心智之意，

〔註 6〕見羅焌《諸子學述》，頁 329。
〔註 7〕見蔣錫昌《老子解詁》。
〔註 8〕詳徐復觀《中國人性論史》，頁 351。

這原是《老子》「虛靜」、「貴虛」、「謙退」、「尚柔」等一切人生哲學的理論基礎。韓非〈解老〉第卅三節說明「儉故能廣」的蘊意是這樣的：

> 周公曰：「冬日之閉凍也不固，則春夏之長草木也不茂。」天地不能常侈常費，而況於人乎。故萬物必有盛衰，萬事必有弛張，國家必有文武，官治必有賞罰。是以智士儉用其財則家富，聖人愛寶其神則精盛，人君重戰其卒則民眾，民眾則國廣，是以舉之曰：『儉故能廣。』」

由上天的儉嗇，引述「官治必有賞罰」，這就為法家的賞罰論尋到相當堅實的理論根據了。劉向《說苑．政理篇》曾論及王、霸、強者賞罰各有所重的道理：

> 治國有二機，刑德是也。王者尚其德而希其刑，霸者刑德並湊，強國（者）先其刑而後德。

韓非相信人性自利，趨利避害，主張賞罰並用，使民利賞而畏罰，兩者相濟相輔，不主張如儒者專用德化，偏施恩惠。其霸者之業的基本論據可以溯至道家的宇宙論，一如〈解老〉所云：瑞雪兆豐年，大自然收斂蓄精，冰封千里，開春之後，土地滋養既足，生物憑藉更多，草木自然豐茂。由此可見，天地善於蓄積，毫不浪費，一盛一衰，正是自然循環。因此，聖人處理萬事，也難免要分出緩急，政治有文事，亦必有武備；官務處理須賞賜，也須刑罰。

一個聰明人能儉省財用，便可能使家庭富足，聖人寶愛心神便精力旺盛，為人君者重戰其卒，人民便眾多，人民眾多，國家就廣大。這固然是道家的儉嗇之道，若推衍到法家主張也未嘗不合。韓非運用道家無為的主張，認為循名責實，使臣子各用其能，分層負責，竭智勞慮，而君主卻可以無為而治，安享成名，他說：

> 群臣守職，百官有常，因能而使之，是謂習常。（〈主道〉）

> 夫物眾而智寡，寡不勝眾，故因物以治物；下眾而上寡，寡不勝眾，故因人以知人。（〈難三〉）

> 聖人不親細民，明主不躬小事。（〈外儲說右下〉）

> 明君之道，使智者盡其慮，而君因以斷事，故君不窮於智；賢者效其材，君因而任之，故君不窮於能；有功則君有其賢，有過則臣任其罪，故君不窮於名。是故不賢而為賢者師，不智而為智者正。臣

有其勞，君有其成功，此之謂賢主之經也。(〈主道〉)

這種寶愛心神的最後境地是「明君無為於上，群臣竦懼乎下。」(〈主道〉)一種尊君卑臣，嚴區分際的上下關係。當然，它的無為，沒有道家徹底，也不如道家自然，而是有目的，有手段的，一反《老子》的摒棄心智的主張，而充滿了君臨天下的心術。但是它們歸趣雖異，寶愛精神則一。

其次，就重戰其卒而言，法家力倡富強，要百姓勤耕力戰，又明揭國家主義，為求稱霸諸侯，往往不惜任何犧牲。乍看，似乎不可能「重戰其卒」。不過，自古真善戰的將領，沒有不謹慎將事、愛惜士卒的。因為，多一個士兵，就多一分力量，在最適當的時機做最適當的運用，不輕言戰爭，不輕言犧牲，又是軍事學上不能不顧及的，任何明君，都不至有何異論，因此，以韓非思想驗合，「重戰其卒」並無不妥，何況其結果是民眾國廣，既使人口增殖，又能擴展地盤，與法家競事富強的主旨更是一致。而在《老子》哲學來說，其用兵，以退為進，但求勝敵，不敢恃力，兢兢業業，自然是「重戰其卒」了，就此而論，〈解老〉是忠於《老子》原書的。但推究結果，則已是法家好事擴張的積極爭霸，已非道家虛靜守分的小國寡民，這又是作者法家意識的流露了。

三、謙退

《莊子・天下篇》形容《老子》哲學說：「以濡弱謙下為表，以空虛不毀萬物為實。……未嘗先人，而常隨人。……人皆取先，已獨取後。」謙退確實是《老子》哲學的重點之一，《老子》的三寶也包含了謙退的哲理。道家宗法自然，《老子》的許多觀點往往得自於對大自然的詳觀細察，以及對大自然的取法。他說：「人法地，地法天，天法道，道法自然。」(二十五章)究竟大自然有什麼謙退而得以長存的現象，值得人們效法的？試看《老子》這兩段話：

上善若水，水善利萬物而不爭。夫唯不爭，故無尤。處眾人之所惡，故幾於道。(八章)

江海之所以能為百谷王者，以其善下之，故能為百谷王。是以欲上民，必以言下之；欲先民，必以身後之。是以聖人處上而民不重，處前而民不害，是以天下樂推而不厭。以其不爭，故天下莫能與之爭。(六十六章)

他最讚美水，因為水表象濡弱而具有強韌無比的潛力，隨緣適會，絕不執著，見圓則圓，遇方則方。它並不爭高，而萬物莫不仰結於它，不能不推尊它；它絕不爭強，而滴水穿石，摧折堅強之物莫過於水。水處卑惡之地，水呈柔弱之象，水最接近渾樸的道體。江海，是百川的匯流處，承受眾水，自居低卑，納垢含穢，而後能成其宏壯廣大，這是領袖群倫的徵象，帝王之德。所以《老子》認為能受國之垢，才能為社稷之主（七十八章），一般人厭惡孤、寡、不穀，而帝王卻用以自我謙稱（四十二章），便都是運用這種謙卑而後得以高尊的道理。越是不爭，越是能長保勝利。因為人世的現象，往往相對，能自居負面，既可避免突變時首遭摧毀，在宇宙多變的狀態下，謙退自守，才可能居高尊顯。「天之道，不爭而善勝。」（七十三章）人既須效法天道，「不敢為天下先」，正是深體天道，付諸實踐的謙退之德。由於「不爭」，必能「善勝」，因而可以為百官之長，因此《老子》六十七章說：「不敢為天下先，故能成器長。」

現在，我們再看〈解老〉對老子這番哲理的領會，〈解老〉第卅四節說：

> 凡物之有形者，易裁也，易割也。何以論之？有形則有短長，有短長則有大小，有大小則有方圓，有方圓則有堅脆，有堅脆則有輕重，有輕重則有白黑。短長、大小、方圓、堅脆、輕重、白黑之謂理，理定而後物易割也。故議於大庭而後言則立，權議之士知之矣。故欲成方圓而隨其〔註9〕規矩，則萬事之功形矣。而萬物莫不有規矩。議言之士，計會規矩也。聖人盡隨於萬物之規矩，故曰：「不敢為天下先。」不敢為天下先，則事無不事，功無不功，而議必蓋世，欲無處大官，其可得乎！處大官之謂為成事長，是以曰：「不敢為天下先，故能為成事長。」〔註10〕

這段文字，有幾項值得討論。首先，它標舉了由名相觀念辨析的「理」，遠遠超越了《老子》的「道」。《老子》五千言，是只談「道」，不說「理」的。道，原本渾成，絕對而不可言說，衍生萬物之後，愈演愈明，既有了形體，於是有所謂相對的長短、大小、方圓、堅脆、輕重、白黑等種種名相，這些可以辨析的實，便有了條理可尋，物體便容易辨析。問題是，這些可以辨析

〔註9〕隨其，迂評本、凌本作「隨於」，茲從乾道本、趙本。

〔註10〕是以曰，各舊本原作「是以故曰」，據王先慎《集解》校刪「故」字。末句今本《老子》「事」作「器」，無「為」字。

的「理」，雖出乎道體，卻並非道體本身。換言之，可以言說的「理」，並非「常道」，所以《老子》才說，「道可道，非常道。」（一章）有關這方面的理論，〈解老〉第廿九節也有精闢的闡說，不再贅述。

不過，〈解老〉的重點，在借「名相落實而後事物容易剖析」（理定而後物易割），來證實「議於大庭而後言則立」。根據陳啟天先生《韓非子校釋》的解說，言論也是愈辯愈明，發言有先後，倉卒先發言，往往思慮欠周，後發言的人卻可以審慎地分析他人的議論而有所破有所立。如此「發言貴後忌先」，正符合道家謙退的主張。在老子的眼光裡，宇宙本身已經再和諧完美不過，一切人為的現象只有擾亂它的規律而已。因此，他極端厭黜人工，認定只須順任自然，萬物自可成就。〈解老〉說：「聖人盡隨於萬物之規矩」，是很中肯的話。聖人體道，少有作為，謙退處後，卻可以領袖群倫，名至實歸，就是因為他能「隨物」、「隨人」。其「隨物」正所以因物之自然，發揮物性；其「隨人」，正所以觀察眾相，因勢利導。既是如此，其結果自然是「事無不事，功無不功」，成了「天下樂推而不厭」（六十五章）的理想領導人才，這時候，就是想推托也身不由己了。這正是「後其身而身先」（七章）的道理。

〈解老〉以「聖人盡隨於萬物之規矩」來解說「不敢為天下先」的根由，雖說相當中肯，它所推述的理論卻仍不無尚待商榷之處。就文意揣探，所謂「不敢為天下先」的「聖人」，是「議於大庭而後言」；其「後言」之故，乃在於「計會規矩」；由於能「計會規矩」，所以能「議必蓋世」，以至不得不「處大官」。「議必蓋世」一詞與〈解老〉十七節「論必蓋世」同，乃是使百姓服膺信從的方略，這顯然是周末習俗，與《老子》所謂「聖人處無為之事，行不言之教」（第二章）立旨迥異。而它所謂「計會規矩」，要審度規矩，計慮周詳，以求萬無一失，不但有爭勝爭強之意，並且一反《老子》對心智活動的黜斥，充滿了智慧的炫弄，這並非老學真正的謙退處後。

此外，末句「故能為成事長」，與今本老子「故能成器長」不同，註家解釋也頗有出入。唯獨最近馬王堆出土的《帛書老子》小篆本與《韓非子・解老》一樣是作「故能為成事長」，這不能說不是一項重要的發現。據近人研究，馬王堆出土的《帛書老子》先〈德經〉，後〈道經〉，是法家一派學者研讀《老子》著重人生論與政治論的編排方式；又因為《黃帝四經》寫在《帛書老子》之前，足證黃老一派的學者乃是援法入道，將法家切合實行的政治理論注入道家學說，表面是道家言論，骨子裡是法家精神〔註11〕。現在，〈解老〉既與《帛書老子》所據相同，可見關係至為密切。若學者們研究無誤，《帛書老子》小篆本抄寫年代在漢高祖之前，那麼距韓非時代不遠。〈解老〉留心「理」與「事功」觀念也是法家一派研讀《老子》超越道家思想範疇之處。〈解老〉可能是韓非子的作品，以法家〈解老〉，攙入些許法家思想而影響及漢初黃老一派學者；〈解老〉也很可能是漢初黃老一派學者託古之作。無論如何，它與黃老精神酷似，黃老絕不是老莊道家思想的嫡系，卻是《韓非子》法家思想深入政治界，為道家入世政理所融納的一派學說，由這個觀念看，〈解老〉更顯得重要了。

在辭義上，筆者以為「能為成事長」(或「能成器長」)當係指能為人君，〈解老〉以「大官」釋之，與上文「聖人」的命意不貫，就《老子》全文而言，也不及一般註家的解說來得妥善。俞樾《諸子平議》根據《韓非子》多一「為」字，釐清「成」字不作動詞，而作形容詞的用法，解為「大」，在校讎訓詁學上說，這也是〈解老〉的貢獻。

〔註11〕參閱河洛出版社《帛書老子》，余英時〈反智論與中國政治傳統〉(聯合報副刊65年1月19日至26日)。

第六章　禍　福

《老子》的禍福觀是經由泯除宇宙種種截然殊類的分歧差異而來的。渾樸的「道」不斷地波動，產生許多紛歧的現象，它卻是循環演變，不能執著地去認可的。《老子》確認事物的表象，很有可能隨著宇宙的變化，產生極大的（甚而是完全相反的）改變，倘若偏執於主觀，無異是刻舟求劍。因而他告誡人不能只看事物的表象，而須作多方面的觀察，有福思禍，預為謀慮；有禍思福，冷靜克服，這是《老子》禍福相生相反、相為倚伏的哲理命意所在。它原本是經由宇宙的觀察推展為人生處世的規則；後人的領略，便隨著各人的主觀而有不同的闡說，大致是強調人為的因素來替代《老子》任天安命的思想，〈解老〉也是如此。

〈解老〉自第十節迄第十四節，是鋪敘《老子》第五十八章禍福倚伏、圓融順化的哲理。它雖是發揮《老子》學說，也帶入了許多主觀的見解，它的著眼點是切合實際日用的人生哲學與政治理論，形上之學的論據摒而不談，足見作者是「有志用世」了。

一、禍福倚伏

〈解老〉第十節，用慣見的層遞手法，說明由災禍轉生福祉的歷程，說：

> 人有禍則心畏恐，心畏恐則行端直，行端直則思慮熟，思慮熟則得事理。行端直則無禍害，無禍害則盡天年；得事理則必成功。盡天年則全而壽，必成功則富與貴。全壽富貴之謂福。而福本於有禍，故曰：「禍兮福之所倚」，以成其功也。

本文以為：人一旦有禍，便心懷恐懼，於是敬慎小心，多加檢點，行事深思熟慮，反倒能長壽富貴。這是說福由心造，人為的努力與彌補可以改變原來的禍因。《孟子・盡心上篇》曾說：「人之有德慧術知（智）者，恒存乎疢疾。獨孤臣孽子，其操心也危，其慮患也深，故達。」同樣是強調人類一種與環境搏鬥，愈挫愈奮，越磨鍊越深沈的潛能。

〈解老〉緊跟著一段，正好與上文相對，該並讀參看：

> 人有福則富貴至，富貴至則衣食美，衣食美則驕心生，驕心生則行邪僻而動棄理。行邪僻則身死夭，動棄理則無成功。夫內有死夭之難，而外無成功之名者，大禍也。而禍本生〔註1〕於有福，故曰：「福兮禍之所伏。」

人雖有福，如果盈滿流溢，不知謙冲自抑，便不能長保幸福。因為不謙卑，必然驕慢，行為就邪曲不正（與「行端直」相反），動作就違背事理（與「得事理」相對）。就自身而言，由於行為不檢，糟蹋自己，便不能全壽而將死夭；就事業而言，由於舉措違背事理，便不能成功，這就大禍臨頭了。所以，儘管是福，如果不知珍惜，自我修持，福也潛伏著禍根。

這兩段文字說明壞事變好、好事變壞的原因與歷程，固然得自《老子》禍福相反相成之理，是對宇宙人生深刻的透視；不過，它強調人為的因素，並且用層遞手法，將因果關係說得過於絕對，這便與《老子》哲理有所出入。

《老子》認為大道「先天地生」、「周行而不殆」（廿五章），宇宙萬物循環變化，無刻或已，「反者道之動」（四十章），卻全都復歸於樸實的道體。此消彼長，彼盈此虛，對道體的本身並無影響。「物或損之而益，或益之而損」（四十二章），常人所見的只是表象，拘執於外表的「損」與「益」，事實上損者不一定真損，益者不一定真益，它們是相對的。禍福的關係也是如此：禍福隨時改易，一如波濤的起伏，此刻是波峰，下一刻可能就是波谷。滄海曾是桑田，墾丁公園原是海底岩沙，在道家看來，是一些也不奇怪的。《淮南子・人間訓》有一則故事：

> 近塞上之人有善術者，馬無故亡而入胡，人皆弔之；其父曰：「此何遽不為福乎？」居數月，其馬將胡駿馬而歸，人皆賀之，其父曰：「此何遽不能為禍乎？」家富良馬，其子好騎，墮而折其髀，人皆弔之，其父曰：「此何遽不能為福乎？」居一年，胡人大入塞，丁壯者控〔註2〕弦而戰，近塞之人，死者十九，此獨以跛之故，父子相

〔註1〕本生，王先慎《集解》引王先謙云：「上福本於有禍，與此對文，不當更有生字，此緣上生字而誤衍。」本與生同義相重，當刪生字。

〔註2〕控，原作「引」，依王念孫說改。

保。故福之為禍，禍之為福，化不可極，深不可測也。

「塞翁失馬，焉知非福？」同樣一件事，正面看是福，反面看是禍，此刻看是福，將來可能又是禍。這是標準的道家旨意，暗示凡人事要做多方面的觀察，做多方面的評價，深入分析各種因由，做種種準備，要知道，聖人之所以異於眾人，正是他能夠不僅觀看事物的表象，而且能「知病之為利，知利之為病」〔註3〕！

道家思想原是將禍福關係看成一體，禍中隱含著福因，福中隱藏著禍根，常人不能意想得知，所以「物或遠之而近，或近之而遠」，「或譽人而適足以敗之，或毀人而乃反以成之」，「或貪生而反死，或輕死而得生，或徐行而反疾」〔註4〕，這些都歸因於自然，是人們莫可奈何的天意。禍與福的區別，只是不幸之與幸，得時之與不得時而已，《莊子．秋水篇》說：

> 昔者堯、舜讓而帝，之、噲讓而絕；湯、武爭而王，白公爭而滅。由此觀之，爭讓之禮，堯、舜之行，貴賤有時，未可以為常也。……五帝殊禪，三代殊繼。差其時，逆其俗者，謂之篡之夫〔註5〕；當其時，順其俗者，謂之義之徒。

這些話，能揣摩體會，對於禍福倚伏的道理，也就領會得差不多了〔註6〕。

由《老子》禍福循環演變，不宜執著的宇宙觀，落實到現實層面的人生哲學，很自然便融入了人為的成分。後人引述《老子》，往往標明人為的因素正是禍福互相倚伏的關鍵。試看下面幾個例子：

> 老子曰：得其所利，必慮其所害，樂其所成，必顧其所敗。人為善者，天報以福；人為不善者，天報以禍也。故曰：「禍兮福所倚，福兮禍所伏。」戒之慎之，君子不務，何以備之，夫上知天則不失時，下知地則不失財，日夜慎之，則無災害。（《說苑．敬慎篇》）

> 成湯之時，有穀生於庭，昏而生，比旦其大拱。其吏請卜其故，湯退卜者曰：「吾聞祥者福之先者也，見祥而為不善，則福不至。妖者禍之先者也，見妖而為善，則禍不至。」於是早朝晏退，問疾弔喪，務鎮撫百姓，三日而穀止。故禍兮福之所倚，福兮禍之所伏，聖人

〔註3〕見《淮南子．人間訓》。
〔註4〕見《淮南子．人間訓》。
〔註5〕篡之夫，原無「之」字，據王叔岷《校釋》及對文例補。
〔註6〕王道《老子億》云：「《莊子》曰：『帝王殊禪……義之徒。』學者因此言而虛心以體會之，其庶幾矣。」

所獨見，眾人焉知其極。(《呂氏春秋．制樂篇》)

下卿進曰：「敬戒無怠，慶者在堂，弔者在閭。禍與福鄰，莫知其門。豫哉豫哉，萬民望之。」(《荀子．大略篇》)

《說苑》所謂：得利須慮害，樂成須顧敗，正因為利害相對，成敗相反，卻又與禍福一樣，是易於轉化而不能逆料的。它強調為善獲福，知天時地財，與日夜戒慎，就已是盡其在我，與天地並參，接近《荀子》的戡天理論。《呂氏春秋》雖然借用陰陽讖緯異說來證實理論，有些無稽；它認定積善可以化禍為福，還是重在強調人為影響事理。《荀子》一段話，敬戒則有慶而得福，怠忽則有弔而得禍，立意也在提示人為的重要。這些事例說的不外是孔子所謂的「存亡禍福，皆在己而已。」〔註 7〕這是積極的人生觀，已由老氏對事物客觀的照察，運用為指導人生的警世格言。

我們再回頭看看〈解老〉有關禍福相倚伏的兩段解釋，很明顯，它是表達後代「人為因素左右個人禍福」的見解，不在話下。《說苑．敬慎篇》所舉齊頃公「福生於隱約，禍生於得意」的故事，正好做它的註腳：

齊頃公，桓公之子孫也。地廣民眾，兵強國富，又得霸者之餘尊，驕蹇怠傲，未嘗肯出會同諸侯，乃興兵伐魯，反敗衛師於新築，輕小嫚大之行甚。俄而晉魯往聘，以使者戲，二國怒歸，求黨與助，得衛與曹。四國相輔，期戰於鞍，大敗齊師，獲齊頃公，斬逢丑父。於是懼然大恐，賴逢丑父之欺，奔逃得歸，弔死問疾，七年不飲酒，不食肉，外金石絲竹之聲，遠婦女之色，出會與盟，卑下諸侯，國家內得行義，聲問震乎諸侯，所亡之地，弗求而自為來，尊寵不武而得之，可謂能詘免變化以致之。故福生於隱約，而禍生於得意，此得失之效也。

魯宣公十七年（西元前 592 年）晉郤克出使齊國受辱，成公二年（西元前 589 年），齊軍在鞍戰敗，頃公險些被擄。成公四年（西元前 587 年）齊頃公朝晉，晉人不禮，歸國以後「弛苑囿，薄賦斂，振孤問疾，虛積聚以救民」，「厚禮諸侯」，一直到頃公死，「百姓附，諸侯不犯」〔註 8〕，這「驕慢而敗，謙卑而成」的事蹟，《春秋》三傳及《史記》都有明文可以參證。

以上就〈解老〉立意與《老子》哲學微有出入一點，加以說明。其次，

〔註 7〕見《說苑．敬慎篇》。

〔註 8〕皆見《史記．齊世家》。

就〈解老〉本文細加推敲，也不無缺失。《老子》原是不偏執於某一個觀點的，他的道是渾沌、圓融、完整的；若說認定某種因即成某種果，以宇宙瞬息萬變的道理來驗證，是絕對不合《老子》旨意的，而〈解老〉恰恰犯了這種毛病。而且，它層層遞進，一系列的連環關係，只要有一個環節鬆弛，便將碎裂不成片段。諸如說：人有禍不一定心畏恐而行端直，一個人「衣食美」也不一定「驕心生」、「行邪僻」；更嚴重的是，假設與結果之間又不免有牽強之處，如「行端直則思慮熟」，一是德行的講求，一是智慧的運用，並非絕對關連。難怪孫楷第主張將原文調整為：「人有禍則心畏恐，心畏恐則行端直，行端直則無禍害，無害禍則盡天年。心畏恐則思慮熟，思慮熟則得事理，得事理則必成功。」〔註 9〕最後，必須提出檢討的，「富貴」在老子眼中，並非「福」的象徵，他主張功成身退，知足常足；要人崇儉務嗇，歸真返樸，他的「幸福」，該是「常使民無知無欲」（三章）的渾沌狀態才是。就此點而言，〈解老〉的解說，又不盡符合《老子》原旨。

陳奇猷《韓非子集釋》，曾根據韓非法家思想，引述〈解老〉因禍致福的含義：

> 案：韓非子以嚴刑重罰，人怕以為禍，既以為禍則畏之而不敢為非，不敢為非則守法盡職，守法盡職則得慶賞而致富貴，是因禍而得福也。此亦韓非嚴刑重罰之理論根據也。

韓非嚴賞罰的用意，確實是要使臣民「畏誅罰而利慶賞」（〈二柄篇〉），因而守法盡職以致富貴，「富貴」正是法家所謂的「福」。但〈解老〉的立意偏在「既已有禍」之後通常有的人為的努力，終究轉禍為福；這種「既有」的狀況，便不是陳氏所謂的「避禍就福」了。因此，陳氏的闡述雖然標明了富貴是法家所追求的福祉，我們還是不能不說它有些強合的意味在內。〈解老〉的立意，與其說是法家思想，毋寧說它是《老子》哲理的發揮，而就實際的內蘊來說，和《孟子》所謂的「生於憂患，死於安樂」〔註 10〕的積極人本主義的人生觀也正好相當。

二、循緣道理

《老子》五十八章「禍兮福之所倚，福兮禍之所伏」之下，有一句反問

〔註 9〕轉引自陳奇猷《韓非子集釋》。
〔註10〕見《孟子・告子下篇》。

的句子：「孰知其極？」〈解老〉對這四個字也有闡釋：

> 夫緣道理以從事者，無不能成。無不能成者，大能成天子之勢尊〔註 11〕，而小易得卿相將軍之賞賜，夫棄道理而妄〔註 12〕舉動者，雖上有天子諸侯之勢尊，而下有倚頓、陶朱、卜祝之富，猶失其民人而亡其財資也。眾人之輕棄道理而易妄舉動者，不知其禍福之深大而道闊遠若是也。故諭人曰：「孰知其極。」

作者認為：一個人能遵循著「道理」去做事，沒有不成功的，大則享有天子的威勢與尊嚴，小則可以獲得卿相將軍的重賞厚祿，換言之，可以獲致「富貴」之「福」。倒過來說，如果不能遵循著「道理」去做事，即使大貴如天子諸侯，也難免要失去百姓的擁戴；大富如倚頓（《史記》作「猗頓」）、陶朱公（即范蠡），也難免要失去財貨。一般人之所以不遵循「道理」，隨意行事，就由於不能領略禍福倚伏的道理是如此深邃廣大，而大道本身又是如此遼闊高遠，因此《老子》告訴人們說：「誰知道它們的究竟！」

《老子》的原意，原是感歎一般人往往只留意事物的表象，而不能深入去透視事物的因果，進而領悟禍福相反相生的道理，也就無從自求多福，明哲保身了。〈解老〉本文把遠避禍端、求致幸福的方式條理化了。它標明「富貴」即是所求之「福」，這是法家精神，已見於前文；它認為求取富貴、長保富貴的法門只是「緣道理以從事」。「道理」一詞，《老子》所無，〈解老〉凡八見，〈喻老〉也出現過一次。它的意義，由「宇宙大自然的規律」，運用為「人生行事的法則」，若就《老子》的哲理推想，該是柔弱、謙卑的處世哲學；若以韓非法家思想推斷，該是萬眾共同奉守的公法。而就〈解老〉文字揣摩，卻是相當籠統，也可說模稜兩可；但如根據「求富貴即是福」一點來推敲，也許法家的意味重些吧！事實上，本文除了末三句緊扣《老子》的原意以外，法家思想的跡象很明顯，而末三句的結論與前文在脈絡上卻又不很貫串。道法兩家思想融貫於韓非子一人，本是可能的；〈解老〉這段文字出現這種牽合現象，也許是解釋文字的體例所限，而以法家解道家思想，即令淵源有自，畢竟末流大殊，這種現象該是可以理解的。

清代魏源《老子本義》以「孰知其極，其無正」成句，認為「惟無可正舉，無可形名，悶悶然而天下化，是其極也。」但我們如果拿〈解老〉文

〔註 11〕陶鴻慶《讀韓非子札記》：依下文，「天子」下當有「諸侯」。
〔註 12〕妄，或作「忘」，二字通，當以「妄」字為是。

字來衡量，它顯然是以「孰知其極」承禍福互相倚伏而言的，條理脈絡都很清楚。

《荀子·正名篇》裡，有段關於禍福的議論，很值得研究，他說：

> 衡不正，則重縣（懸）於仰，而人以為輕；輕縣（懸）於俛，而人以為重：此人之所以惑於輕重也。權不正，則禍託於欲，而人以為福；福託於惡，而人以為禍：此亦人之所以惑於禍福也。道者，古今之正權也。離道而內自擇，則不知禍福之所託。

是禍是福，有個客觀的標準來衡量，可惜物欲的誘惑與現實的阻撓，易於使人迷惑，以致視禍為福，以福為禍。人如果執著於主觀的自擇，而不肯遵循客觀的「道」，便難免因為「禍福同門」而不知趨捨了。《荀子》標舉「道」正如同〈解老〉列舉「道理」一樣，是指宇宙自然的規律，引申為人生行事的準則。他對禍福所包舉的涵義也遠比〈解老〉賅備。此外，他所謂的「離道則不知禍福之所託」，事實上也是影射著《老子》那句「人之迷，其日固久。」

《老子》五十八章原文，在「孰知其極」之下，原是「其無正。正復為奇，善復為妖。人之迷，其日固久。」在概念上，「正」與「奇」及「善」與「妖」也是相反相生互為轉化的，道理正同「禍福」一樣。〈解老〉從略。對於末兩句便有一段說明：

> 人莫不欲富貴全壽，而未有能免於貧賤死夭之禍也。心欲富貴全壽，而今貧賤死夭，是不能至於其所欲至也。凡失其所欲之路而妄行者之謂迷，迷則不能至於其所欲至矣。今眾人之不能至於其所欲至，故曰：「迷」。眾人之不能至於其所欲至也，自天地之剖判以至于今，故曰：「人之迷也，其日故（固）以（已）久矣。」〔註13〕

文字雖輾轉反覆，立意實在很簡單。以「富貴全壽」為目的，卻南轅北轍，只得到了「貧賤死夭」，這便是「迷失」，自有人類以來便是如此。這段話有兩個漏洞：第一、人何以會迷失路途？其次，如何才能避免不迷失？〈解老〉只就字面上說明，卻忽略了這些道理。而且，「迷」字除了「迷途失路」，也有「迷惑不知所趨捨」的含義，〈解老〉也不曾顧及。倒是《荀子·正名篇》那段話足以填補這個縫隙；人之所以迷失，正因為不能遵奉客觀的大道（法則）；人之欲避免迷失，能驅禍求福，便必須信守大道，慎加選擇，誠能如

〔註13〕今本《老子》五十八章作「人之迷，其日固久。」傅奕本與〈解老〉同。

此，無福可以自求多福，有福也必能謹慎自持，不致驕矜淫佚，遠離道本；有禍必然戰戰兢兢，絕不致自暴自棄，而終能復返正道，化戾為祥。這麼說來，《荀子》一段話，對於〈解老〉兩個段落倒產生一種銜環作用，與禍福兩段鋪論也能互相呼應。足見韓非師承《荀子》之學，所以脈絡有溝通之處；也因此文中隱含著儒家人本精神的熱烈追求，而不僅僅止乎道家謙抑消沈的哲理而已！

三、不欲見賢

《老子》五十八章，在「人之迷，其日固久」之下，接著有：「是以聖人方而不割，廉而不劌，直而不肆，光而不耀。」陳鼓應先生認為前後文義不貫，主張加以調整，拿來與章首四句「其政悶悶，其民醇醇；其政察察，其民缺缺。」相承，而讓「禍兮福之所倚，福兮禍之所伏，孰知其極？其無正，正復為奇，善復為妖。人之迷，其日固久。」獨立成段落〔註14〕，這樣騰挪，文章條理是清晰得多。但自古《老子》通行本都不曾割截開來，〈解老〉作者所根據的本子也是一樣。試看它的說明：

> 所謂方者，內外相應也，言行相稱也。所謂廉者，必生死之命也，輕恬資財也。所謂直者，義必公正，心〔註15〕不偏黨也。所謂光者，官爵尊貴，衣裘壯麗也。今有道之士，雖中外信順，不以誹窮謗墮〔註16〕；雖死節輕財，不以侮罷（疲）羞貧；雖義端不盡，不以去邪罪私；雖勢尊衣美，不以誇賤欺貧。其故何也？使失路者而肯聽習問知（智），即不成迷也。今眾人之所以欲成功而反為敗者，生於不知道理，而不肯問知（智）聽能。眾人不肯問知（智）聽能，而聖人強以其禍敗適（謫）之，則怨。眾人多而聖人寡，寡之不敵眾，數也。今舉動而與天下為讎〔註17〕，非全身長生之道也，是以行軌節而舉之也。故曰：「方而不割，廉而不劌，直而不肆，光而不耀。」

先解釋「方、廉、直、光」的涵義，再釋「方而不割」等四種行徑，末了再剖析其原因。文中「使失路者而肯聽習問知，即不成迷也」，正是緊扣《老

〔註14〕見陳氏《老子今註今譯及評介》，頁194。
〔註15〕「心」上乾道本原有「公」字，從陳啟天《校釋》校刪。
〔註16〕「誹窮謗墮」原作「誹謗窮墮」，從孫楷第《讀韓非子札記》說並審文例改。
〔註17〕「天下」，或作「天下之」，此從趙本，古人多以「天下」代稱「天下之人」。

子》原文「人之迷，其日固久」，可見〈解老〉本段也是「禍福倚伏」有關的論說。

由《老子》的哲學探析：因為「大方無隅」(四十章)，所以「方而不割」；因為「同其塵」(五十六章)，所以「廉而不劌」；因為「大直若屈」(四十五章)，所以「直而不肆」；因為「和其光」(五十六章)，所以「光而不耀」。大道深邃、內斂，冲虛、含藏，聖人效法天道，因而謙冲含蓄，自甘黯淡。他以無事為事，一切的美德只是自我修持，卻不用來炫露，就由於他「不欲見賢」(七十七章)，所以處世圓融，無咎無禍。世間禍福無定，奇正相演，善妖互變，一般人看不透其人倚伏的道理，難免執迷於表象，往往認定一個固定的標準，其實無異刻舟求劍。只有聖人能有深遠的眼光，避免偏執，他能「以不方為方，以不廉為廉，以不直為直，以不光為光」〔註18〕，「守常以應無常，不至隨物流轉」〔註19〕。這個順應萬變的常道，便是能從禍福倚伏的圈中超脫，或者自居於禍，要「知雄守雌，知白守黑，知榮守辱」(二十八章)；或者已居於福，而能竭力清除禍因，要「挫其銳，解其紛」(五十六章)。如此便「有其善而無其弊」〔註20〕了。

由自我修持、不事炫露的內斂、含藏，進一步發揮，運用於人生處世哲學，便有不侵逼他人的意義在。《荀子・不苟篇》「廉而不劌」是君子至文之德〔註21〕；《淮南子・道應訓》晏子「忠上惠下」，處世圓融〔註22〕，其立意皆是如此。〈解老〉的文義亦然。《文子・上義篇》所謂：「老子曰：自古及今，未有能全其行者也。故君子不責備于一人。方而不割，廉而不劌，直而不肆，博達而不訾……自修以道而不責于人。」雖託附《老子》，實可視為〈解老〉的闡發。《老子》僅就自我的內涵返視立論，〈解老〉與《荀子》、《淮南子》一樣，則已外及於物，有「為人」、「利人」的積極意義在內，儼然是儒者「極

〔註18〕見清・魏源《老子本義》引元吳澄語。

〔註19〕見張默生《老子章句新解》，頁77。

〔註20〕同註18。

〔註21〕《荀子・不苟篇》：「君子寬而不僈(慢)，廉而不劌，辯而不爭，察而不激，寡立而不勝，堅強而不暴，柔從而不流，恭敬謹慎而不容，夫是之謂至文。」

〔註22〕《淮南子・道應訓》：景公問太卜曰：「子之道何能？」對曰：「能動地。」晏子往見公，公曰：「……地可動乎？」晏子默然不對。出見太卜曰：「昔吾見句星在房心之間，地其動乎？」太卜曰：「然。」晏子出，太卜走往見公曰：「臣非能動地，地固將動也。」田子陽聞之曰：「……晏子可謂忠於上而惠於下矣。」故《老子》曰：「方而不割，廉而不劌。」

高明而道中庸、律己嚴而待人恕」的信條。愚以為這尚不離《老子》的旨意，因為《老子》學說的重心原本就放在人生與政治哲學上〔註 23〕。《莊子．天下篇》不也說老學是「常寬容於物，不削於人」嗎？

〈解老〉意謂「方而不割，廉而不劌，直而不肆，光而不耀」正是聖人積經驗而得的應世之方，一般人若肯虛心留意，多聽多問，原也可以臻乎其境，無奈眾人迷失已久，不能領略「道理」（宇宙的規律、人生的軌則），又不懂得向聖人看齊，只有淪於失敗了。聖人治理萬民，如果樹立「方、廉、直、光」等高的標準，經常指責眾民不合軌範，勢必要引起怨恨不滿，與天下人成了仇讎，那就不能避禍就福，「全身長生」了。所以聖人雖然有相當嚴格的律己規條，卻願意親近民眾〔註 24〕，順其所為，不加強制。如此說來，〈解老〉所表現的乃是道家無為順民的治道，與法家干涉主義無關。

至於〈解老〉對《老子》詞語所下的定義，可說較明切，卻也較為狹窄。其中對「光」字的解說，仍拋不開「富貴」的意念，與〈解老〉前四節一致。依筆者愚見，《老子》之意，「光」係指德行的完美，煥發光輝，〈解老〉徑解為富貴的儀容炫目奪人，已渲染了法家功利主義的色彩，富貴並非《老子》的理想。陳奇猷《集釋》曾就「廉」字的立意發論：

> 或謂〈有度篇〉云：「輕爵祿，易去亡，以擇其主，臣不謂廉」，與此不合。殊不知韓非之意蓋謂輕於私利為廉。至爵祿者，為有功勞之臣應得之分，所謂「有功者必賞，賞者不德君」（〈難三篇〉）也。

陳氏所言極是。廉，指有稜隅，一個人有操守節行便是廉，〈解老〉所下的定義，是一般通用性的，必死生，不苟取，儒家的立意也不外此。至於〈有度篇〉有關賢臣之經，韓非視君國為一，臣子為國效命，為君盡忠，鞠躬盡瘁，死而後已。當時縱橫家遊說各國，擇主而事，因而輕棄爵祿而以「廉」相標榜，韓非認為最不足取。廉者，不苟取，並非「不取」，怎能拘泥比論？

陳奇猷《集釋》又曾就「方者，言行相稱也」，有過發揮：

〔註 23〕徐復觀《中國人性論史》，頁 325：「老學的動機與目的，並不在於宇宙論的建立，而依然是由人生的要求，逐步向上推求，推求到作為宇宙根源的處所，以作為人生安頓之地。因此，道家的宇宙論，可以說是他的人生哲學的副產物。」

〔註 24〕「行軌節而舉之」，舉，通「與」，依于省吾《雙劍誃諸子新證》之說解為「親與」。道家任民自然，以無為求其自然的效果，原不含絲毫勉強之意。若解為「正」，則為儒家德化感懷，使百姓受聖人薰陶而向善思齊，便有約束「繩正」之意。

〈二柄篇〉云:「功當其事,事當其言」,即此所謂「言行相稱」也,亦法家「循名責實」之要旨。

陳氏是先認定〈解老〉為韓非所作,所以拿法家循名責實的道理來印證,這說法大致可以成立。因為韓非子的督責術,要科定臣子的功罪,有一項便是看他是否言行相符。不過,這只是一層意思,〈解老〉的立意還更廣。「言行合一」原是做人重要的原則,儒家也再三申明這個信條,諸如:「先行其言而後從之」(《論語・為政》)「古者言之不出,恥躬之不逮也。」(《論語・里仁》),都是強調言顧行,力求付諸實踐,〈解老〉將它列入「方」的定義,適用性很大,法家的循名責實,嚴格說,還只是引申解釋。況且,〈解老〉的整段用意在敘說道家任自然的政治理想,「不尚賢,使民不爭」(三章)的和諧狀態,絲毫沒有干涉督責的蘊意存在。因此,本段文字除了「富貴」與「循名責實」有一點法家味道,通篇還是道家思想。這也許是道家末流,歷經戰亂擾攘,而受現實環境影響,折衷部分法家功利主義的觀念,如慎到由道入法,便是如此。若推論韓非所作,那也是鋪衍老學,還不曾運用到自己法家思想上去。

第七章　明　法

〈解老〉雖是疏解老子的作品，由於作者主觀的體認，其中有幾個段落，於疏解之餘流露了法家明法的觀點。這些段落，在原篇中並不相屬，卻同樣披露法家思想。它尚法觀念的強調，繁衍人口、繁榮國家經濟的主張，重物質輕精神的理論，斥邪淫寓「孤憤」的不平之氣，不僅超出老學思想範疇，而且是與引述的《老子》原旨衝突；更巧妙的是，這些「曲解」，卻又貼合韓非的思想，這是一個值得重視的問題。

一、尚功勿變

《韓非子．解老》第廿節，曾以精密的數學頭腦，加加乘乘，積算作業的多寡，利益的優劣：

> 工人數變業則失其功，作者數搖徙則亡其功。一人之作，日亡半日，十日則亡五人之功矣；萬人之作，日亡半日，十日則亡五萬人之功矣。然則數變業者，其人彌眾，其虧彌大矣。

《老子》雖然常常提及大道的功效，畢竟是主張宗法自然的人，他說：「道之尊，德之貴，夫莫之命而常自然。」（五十一章）他所謂的功效，是不期然而然，不是蓄存目的，施行手段，以求得效果，這正是道家學說的高妙之處。法家思想則不然。由於主張面對現實，適應時需，謀求策略，法家與墨家一樣重視國家公利，講求實際的功用。〈解老〉這段言論對於實功實利，衡算精密，法家思想遠重於道家思想。

由「實功」的觀念，引入正文，作者更進一步拈出「法令」問題，而歸結到治國不宜屢次變法：

> 凡法令更則利害易，利害易則民務變，民務變之謂變業。故以理觀

之：事〔註 1〕大眾而數搖之，則少成功；藏大器而數徙之，則多敗傷；烹小鮮而數撓之，則賊其澤；治大國而數變法，則民苦之。是以有道之君貴靜，而〔註 2〕重變法，故曰：「治大國者若烹小鮮。」〔註 3〕

法令改變，賞罰利害便有所不同，人民趨捨勢必跟著改變，行業也就有變易，致使工作成效大打折扣。於是得出結論：役使群眾，交待的事情不好一再改變；收藏重要的器皿，不該經常搬移；烹調小小的活魚，不能經常的擾動；治理大國，要是時常改易法令，人民就要痛苦不堪，這就是《老子》「貴靜」的道理了。

過去，容肇祖《韓非子考證》、梁啟雄《韓子淺解》以及陳啟天《韓非子校釋》都認為本段主張「貴靜而重變法」與韓非〈五蠹篇〉「論世之事，因為之備」立意相反，不無可疑。因為韓非推尊商鞅、吳起等大事興革的前輩法家，秉持歷史進化觀，確信法令須能應世之需，隨時代環境而改易，〈解老〉表現的是道家反對變法的言論，自然與韓非思想格格不入。筆者倒以為本文是融道於法，合於韓非的思想體系。韓非談法，一方面固然主張「世異事異，事異備變」，卻也要求「法莫如一而固，使民知之」(皆見〈五蠹篇〉)。法家以法為治國的準繩，所謂變法，原指改變以往不合時宜的舊法，這是應合時勢的歷史進化觀；但也主張法令必須使百姓易知易行，《韓非子》說：

明主立可為之賞，設可避之罰。……明主之表易見，故約立；其教易知，故言用；其法易為，故令行。(〈用人〉)

既要百姓容易奉行，因此，法令一旦制定，著於官府，布於百姓，勢不能隨意再經常變更。正因為這個緣故，韓非感慨申子不能統一憲令，使姦臣有機會鑽營法律的漏洞〔註 4〕；而且認定法令隨意變更，還有亡國之虞：

好以智矯法，時以私雜公，法禁變易，號令數下者，可亡也。(〈亡徵〉)

〔註 1〕事，《纂聞》：「役也」。

〔註 2〕「而」原作「不」，從王先慎《集解》改。按：不改字亦自可通，然「重」字須讀平，借作「緟」，作「屢次」、「頻頻」之意解。

〔註 3〕傳本及今〈德經〉皆無「者」字。

〔註 4〕〈定法篇〉：「韓，晉之別國也。晉之故法未息，而韓之新法又生；先君之令未收，而後君之令又下。申不害不擅其法，不一其憲令，則姦多。……申不害雖十使昭侯用術，而姦臣猶有所譎其辭矣。」

由此看來，韓非贊允商鞅變法，以及主張不恣意變更法令，在理論上有先後的層次，不宜混為一談。

陳柱《老子韓氏說》，針對〈解老〉這段話，有過評論：

> 柱按：韓子此言，則知治大國變法之不易矣。法家固貴變法，《商君》所謂：「治世不一道，便國不法古。故湯武不循古而王，夏殷不易禮而亡。反古者不可非，而循禮者不足多也。」然一變之後，亦不宜婁（屢）變，《韓非子・解老》所謂「事大眾而數搖之，則少成功……民苦之也。」然則守變不變者固非，而國無定策，隨在位者之好惡而妄自變更，其誤國殃民也亦決矣。

認為不宜「守舊不變」，亦不宜「妄自變更」，正貼合韓非之意。王莽之時，法禁數易，百姓苦於煩苛，淪為盜賊，雖特旨赦宥，解而復合，可真應驗了韓非〈亡徵篇〉「法禁變易，號令數下者，可亡也」的話，也可作為〈解老〉「治大國而數變法則民苦之」的一個鮮明的實例。

《老子》六十章所謂「治大國若烹小鮮」，原是強調為政者「恬淡為上」（三十一章），當清靜無為，不宜擾民〔註 5〕。《淮南子・齊俗訓》云：「老子曰：『治大國若烹小鮮』，為寬裕者曰：『勿數撓』；為刻削者曰：『致其鹹酸而已矣』。」文子云：「治大國若烹小鮮，勿撓而已。」這兩段話與〈解老〉「烹小鮮而數撓之，則賊其澤」，可謂義相發明，都深得老氏玄旨。「擾民」的幅度原本很廣，舉凡「以智治國」（六十五章）、「朝多利器」〔註 6〕（五十七章）、急躁好爭、嚴刑重稅等都是擾民，而最切體的當然是政令煩苛了。〈解老〉以「數變法」為擾民，若以道家眼光看，法的干涉是擾民，尤其屢次變更法令，其為擾民更不待言，理論上是可以成立的。不過，如果根據《老子》哲學深入推敲，〈解老〉所標舉的「數變法」，其實已落言筌。王協《老子研究》說：

> 非言重變法，頗近老聃之旨。本已無法，奚待重變？（〈主靜〉）
>
> 且韓非借解、喻《老子》以申其形名之說，常失《老子》本旨，又安足信也？（〈廢法〉）

王氏之意以為《老子》不言法，亦不信法令得以禁姦遏亂。如此，〈解老〉以「變法」釋說，正足以表現作者傾向於法家，像這種跡象，確實是藉以申明

〔註 5〕王弼《老子注》：「不擾也。躁則多害，靜則全真。」

〔註 6〕「朝」原作「民」，從嚴靈峰《老子章句新編》改。

刑名之旨。〈解老〉全文雖有不少精粹的道家言，這種法家意念的呈現仍是最值得揣探的地方，正因為如此，它更值得重視。因為除了「貴靜」一詞是道家思想，法家運用不同而外，它與韓非思想無不貼合。

二、守法破迷

《老子》並不否認鬼神的存在，卻認定鬼神並沒有什麼權威；正如同他承認天地的存在，卻否定天地有什麼權威。人害怕鬼神，一定是多欲貪求或傷天害理之人，倘若承聖人的教化，汰減欲望，血脈暢通，行動合理，自然可以遠避禍患，也就不在乎鬼神的存在以及靈驗與否了。〈解老〉第廿一節說：

> 人處疾則貴醫，有禍則畏鬼。聖人在上則民少欲，民少欲則血氣治而舉動理，血氣治而舉動理則少禍害。夫內無痤疽癉痔之害，而外無刑罰法誅之禍者，其輕恬鬼也甚。故曰，「以道莅天下，其鬼不神。」治世之民，不與鬼神相害也，故曰：「非其鬼不神也，其神不傷人也。」

一個人有了禍患才畏懼鬼神。追究禍患之因，則來自多欲，多欲內則傷害身體，外則觸犯法紀。〈解老〉再度揭櫫「明法」的觀念，是很值得留意的。照理說：人一旦怕鬼神危害自己，必然緊張不安寧；希冀鬼神福祐自己，必然心中躍動不安靜。不安寧不安靜都是《老子》最忌諱的事，因而以《老子》之道而言，是絕不信鬼神會福祐、降禍給人的〔註7〕。有道之人，小而修身，大而治國，鬼神的靈驗與否都與他不相干，為的是他必須主靜、用靜啊，自然不受鬼神祐禍的干擾了。俗語說：「平生不做虧心事，夜半敲門也不驚。」一般人相信：人是因為做過不合道理的事，內心有愧疚，經不住良心的責備，才會畏懼鬼神。一向深受儒家思想薰陶的國人，對鬼神並不執迷，取的是「敬而遠之」〔註8〕的態度，卻也並未完全否認它的存在，孔子說得好：「祭神如神在。」〔註9〕祭祀原是一種慎終追遠的作法，或者是如《荀子‧天論》所說的只是文飾政治的作法；把鬼神看成通人之性，明辨是非，卻是儕同物我的

〔註7〕王協《老子研究》，頁79：「畏鬼神禍己，則惕息而不寧；幸鬼神福己，則心動而不靜。不寧、不靜，老子之所大忌。故老子不信鬼神之能禍福人，此又一證也。」

〔註8〕見《論語‧雍也》。

〔註9〕見《論語‧八佾》。

觀念，這一點是與道家一致的。依據〈解老〉的立論，人只要不害病、不犯法，自然無須「畏鬼」，前者固然與古人迷信祓鬼祛病可以連貫切合，強調「舉動理」即是不犯法，無論如何仍是與〈解老〉第廿節談法一樣，超出了老學的範疇，披露了作者強烈的法家意識。

《老子》基於同塵齊物的道理，自儕於眾人，無所區分，不自以為高，不自矜於見道。人與萬物一體，鬼神亦物也，那麼鬼神不能禍福人，就如人不能禍福鬼神一樣。聖人治國，順自然而不作為，便不致傷害百姓；鬼神也順自然，又怎能傷害人；所以《老子》說：「非其神不傷人，聖人亦不傷人。」（六十章）〔註10〕〈解老〉說：

> 鬼祟疾人之謂鬼傷人〔註11〕，人逐除之之謂人傷鬼〔註12〕。民犯法令之謂民傷上；上刑戮民之謂上傷民。民不犯法，則上亦不行刑；上不行刑之謂上不傷人。故曰：「聖人亦不傷民。」〔註13〕上不與民相害，而人不與鬼相傷，故曰：「兩不相傷。」

以「人鬼不相傷，上下不相害」來解釋《老子》「兩不相傷」，可說精粹無匹。由「民犯法令」以迄「上不傷人」，就很明顯是承上文「明法」的觀念一脈相衍而得。《老子》的治國之道純任自然，毫不干涉，它所謂「聖人亦不傷民（人）」，包容很廣，包括賦予人們各種各樣的自由，不加約束阻攔；〈解老〉所敘卻是法家眼光最淺顯的一項。韓非是主張法令須明示公布，不妨施行重刑，以收殺一儆百之效，只要百姓不干犯法令，政府絕不致傷害他。《韓非子》說：

> 法者，憲令著於官府，賞罰必於民心，賞存乎慎法，而罰加乎姦令者也。（〈定法〉）

> 且夫重刑者，非為罪人也，明主之法揆也。……故曰：重一姦之罪，而止境內之邪，此所以為治也。重罰者，盜賊也；而悼懼者，良民也。欲治者奚疑於重刑！（〈六反〉）

〔註10〕王協《老子研究》，頁78：「《老子》但以鬼神為無權威耳，非謂無是物也。……《老子》之鬼神觀念，實根於同塵之理。萬物一體，則鬼神之不能禍福人，亦猶人之不能禍福鬼神也。聖人順自然則不傷人，鬼神順自然，又安能傷人？以人理推之，鬼神無傷人之理。故曰：『非其神不傷人，聖人亦不傷人。』」

〔註11〕「祟」下原有「也」字，顧廣圻《識誤》以為衍字，據刪。

〔註12〕「鬼」下原有「也」字，據王渭說徵上下文例刪。

〔註13〕今〈德經〉「民」作「人」。

這與〈解老〉所謂「民不犯法，則上亦不行刑」，意正相符。法家的法雖強猛，仍然是公布周知，易知易行，是教而後誅，寓有間接勸善的教育作用。只要百姓不干犯法令，在上位者自然不致濫行刑罰，終究也可臻於刑措。設若暴秦虐民，赭衣塞路，囹圄成市，不過是法家施政的偏鋒，並非法家政治的初衷。先秦法家典籍中並沒有國君可以任意施暴、殘害百姓的主張，相反的，還一再明揭「貴法」的觀念。癥結在於倡議君主政治，國君的勢位至尊至高，往往凌轢「法」之上，便易於演變成暴君獨裁，這是法家立法未能正本清源的缺失。我們研究法家思想，辨明它的始末因由，便不宜據此抹煞一切，執偏概全，隨意詆誹。〈解老〉的立意與法家思想一致，已如上述；如果再拿道家思想來驗合，所謂「上下不相害」，便該說是只解釋了其中一部分而已，僅是挨邊的勉強湊合。因為「法」為《老子》所不忍言，更遑論剔除賞賜而專談行刑了。

既然〈解老〉立意有許多與法家會通之處，不妨進一層談談韓非對鬼神的看法。法家言法，重實際，必然不信鬼神，韓非說：「恃鬼神者慢於法。」(〈飾邪〉)鬼神與法已是互不相容。因此他要人「棄龜明法」(〈飾邪〉)。他列舉許多國家「鑿龜數筴」，看吉兆而出兵，卻是有勝有負；觀察星象或左或右或向或背，也不能決斷戰事，他說：

> 龜、筴、鬼神，不足以舉勝；左右背鄉（向），不足以專戰〔註14〕。(〈飾邪〉)

他還幽默地作比喻，畫鬼最容易：

> 客有為齊王畫者，齊王問曰：「畫孰最難者？」曰：「犬馬最難。」「孰易者？」曰：「鬼魅最易。」夫犬馬，人所知也，旦暮罄於前，不可類之，故難；鬼神，無形者，不罄於前，故易之也。(〈外儲說左上〉)

鬼魅無形，因而胡亂塗鴉，隨意漫畫，皆無不可。對於無形之物，講究實際的法家自然是無所取的。韓非也贊同為確立法令的尊嚴，處罰向鬼神祈福的百姓。他說：

> 秦昭王有病，百姓里買牛而家為王禱。公孫述出見之，入賀王曰：「百姓乃皆里買牛為王禱。」……王曰：「訾之人二甲。夫非令而擅禱者，是愛寡人也。夫愛寡人，寡人亦且改法而心與之相循者，是

〔註14〕「以舉勝」，各舊本無「以」字，從陳啟天《校釋》據《纂聞》補。

法不立；法不立，亂亡之道也。不如人罰二甲，而復與為治。」(〈外儲說右下〉)

昭王不顧百姓是出於愛君之心，為了明法，毅然行罰；百姓向鬼神祈福，昭王敢於處罰百姓，必然是不怕鬼神震怒，韓非是借昭王現身說法的，他當然不信鬼神。韓非又曾以戲謔的態度，敘述燕人浴矢的笑話：

燕人，其妻有私通於士，其夫早自外來，士適出，夫曰:「何客也？」其妻曰:「無客。」問左右，左右言「無有」，如出一口。其妻曰:「公惑易也。」因浴之以狗矢。(〈內儲說下〉)

那個燕人被左右蒙蔽，反被指稱被鬼迷祟，讀者一則可以領略「權借在下」的悲劇，也可了解「惑易浴矢」的荒謬。韓非對鬼之祟人是採取否定態度的。

由上可見，韓非的鬼神觀比《老子》的更重實際，「不靈驗」自不在話下，是同於道家之處；他進一步超越《老子》對鬼神存在的認可，已近於無神論者的諧謔了。

三、蓄積蕃息

上文論及:〈解老〉之意，百姓不犯法，在上位者便不行刑，這叫上下不相害；鬼不祟人，人也不除鬼，這叫人鬼不相傷。而人鬼不相傷，基點還在於人沒有刑罰法誅之禍，因而無所事鬼神。由這「明法」的線索，推展開來，便可以達到繁衍人口、繁榮經濟的理想，使聖人與民、鬼、神都能盡其性，各全其德。〈解老〉二十一節說：

民不敢犯法，則上內不用刑罰，而外不事利其產業。上內不用刑罰，而外不事利其產業，則民蕃息，民蕃息而（則）畜（蓄）積盛之謂有德。凡所謂祟者，魂魄去而精神亂，精神亂則無德。鬼不祟人則魂魄不去，魂魄不去而（則）精神不亂；精神不亂之謂有德。上盛畜（蓄）積而鬼不亂其精神，則德盡在於民矣。故曰:「兩不相傷則德交歸焉。」言其上下交盛而俱歸於民也〔註15〕。

這段文字，「畜積盛之謂有德」以上，是承「上不與民相害」而立說；「精神不亂之謂有德」以上一小段是承「人不與鬼相傷」而立論。因此愚意以為〈解老〉所謂的「德交歸」當係指聖人與民各盡其道，各全其德；鬼神亦盡其道而為鬼神之德。德，原是由大道析出，是萬物稟賦於天道而各自具有的特質，

〔註15〕引號之下末二句乃舊注攔入正文，松平康國刪之，是也。

如果在上位者真能「不傷民」，鬼神也「不祟人」，那麼就百姓而言，便能各安其生，各盡其性了。

筆者之所以不把「德」字解為有修養的德行，實際上是由〈解老〉「人鬼不相傷」的一段鋪論推斷的。鬼神附體必然使人失魂落魄，精神散亂，就成了「無德」，這個「德」字顯然與品德無干，而與能否全性相貫。

法家重視法的觀念，也重視國家經濟的觀念，愚以為：〈解老〉「民不敢犯法，則上內不用刑罰，而外不事利其產業」，正是法家重法、重國家經濟的言論。韓非重法，主張嚴刑重罰，使百姓不敢犯法，〈解老〉之言正同；韓非為欲致富，主張行重稅厚斂的制度，認為重稅厚斂不但可以調節貧富，而且可以充實府庫，防備饑饉與危難。他說：

> 論其賦稅，以均貧富。……使民以力得富。(〈六反〉)
>
> 悉租稅，專民力，所以備難，充府庫也。(〈詭使〉)
>
> 徵賦錢粟，以實倉庫，且以救饑饉，備軍旅也。(〈顯學〉)

韓非認為：重稅制度是計其長利的作法，以國家公利為依歸，每個人多奉獻一份，全國就可以多出許多，一旦有事，便不愁沒有雄厚的經濟基礎可以應付萬變。而且他主張的賦稅制度還有平均貧富的作用，衡諸情理，必然有一套精密合宜的抽稅辦法。他的理想是讓百姓勸勉力作而致富，而不心存僥倖，苟且偷懶，希冀賑濟與薄斂。既然容許百姓「以力致富」，足見百姓仍可擁有產業的權益，並非如後代獨裁集權不允許百姓擁有私人產業。他有許多強猛的政策，要百姓勤勞力作，一則是為了國家經濟的發展，一則也是讓百姓藉此增強財富。他說：「今上急耕田墾草，以厚民產也。」(〈顯學〉) 儘管他的強猛手腕也難免被百姓誤解為「酷、貪」，他的用意，站在繁榮國家經濟的立場上說，是值得諒解的；而他不曾否定「厚民產」、「使民致富」，又是不必置疑的。事實上比韓非早上一百年，商鞅變法，廢井田、開阡陌，已經准許人民自由買賣土地，鼓勵人民務農墾荒，種桑織布，私有產業制度已經確立了。韓非厲農戰的主張承襲商鞅的最多，他既欲富國，自須便民利民，必然允許百姓建立私有產業，也唯獨如此，才有獎賞作用。那麼，〈解老〉所謂：「外不事利其產業」，仍可以納入韓非的思想體系中，而不一定要看成完全是道家無為而治、純任自然的策略。再說，上句「重法」，此句「重視國家經濟」在意念上全看成法家主張，也較能貫串一氣。

在上位者，誠然能不濫施刑，不貪民產，百姓便能各順其生，各安其業，便可以繁衍增殖了。人口眾多，是國家致富圖強的基本要件。百事待興，眾擎易舉，各項工作的推展，如果人力充裕，必定能收到好效果，一切資源便能積存得豐富。這人口眾多，實業興盛的說法，以廣些的幅度來說，是先秦諸子共有的政治主張，就韓非思想脈絡分析，與上文「重法」銜接相貫，也並無牴牾，儘可以也看成法家言。

四、富國裕民

上文述及，〈解老〉第廿一節，由明法的觀念推引，認為「上下不相害」（民不犯法，上不濫刑）與「人鬼不相傷」（人無刑罰法誅之禍，則不畏鬼，鬼不祟人，人不除鬼），便能「民蕃息而畜積盛」，如此稱之為「有德」。這是安天盡性、全精聚神的境地。〈解老〉卅七節（末節）解釋「善建者不拔，善抱者不脫，子孫以祭祀不輟」，於剖析人類行事標準與節操堅持上，強調聖人自有趨捨，不受外物引誘，能「不拔」、「不脫」〔註 16〕；它的後半段文字則以「身以積精為德」引入另一個思境：

> 身以積精為德，家以資財為德，鄉國天下皆以民為德。今治身而外物不能亂其精神，故曰：「修之身〔註 17〕，其德乃真。」真者，德〔註 18〕之固也。治家者無用之物不能動其計，則資有餘，故曰：「修之家，其德有餘。」治鄉者行此節，則家之有餘者益眾，故曰：「修之鄉，其德乃長。」治邦者行此節，則鄉之有德者益眾，故曰：「修之邦，其德乃豐。」莅天下者行此節，則民之生莫不受其澤，故曰：「修之天下，其德乃普。」修身者以此別君子小人，治鄉治邦莅天下者，各以此科適（諦）觀息耗，則萬不失一。故曰：「以身觀身，以家觀家，以邦觀邦，以天下觀天下。吾奚以知天下之然也？以此。」〔註 19〕

在個人修身來說，能「蓄積精神」便是有「德」；以家來說，能擁有（蓄積）資財，便是「德」，鄉國天下擁有眾多的百姓便是「德」，由此看來，這個「德」的含義，不會是修養方面，有高尚德行的「德」，而該由〈解老〉首節「德者內也；得者，外也。『上德不德』言其神不淫於外也。神不淫於外則身全，身

〔註 16〕詳本書「權謀」章第六節。

〔註 17〕河上公、王弼註本作「修之於身」。

〔註 18〕「德」原作「慎」，據高亨《補箋》校改。

〔註 19〕今本《老子》，「奚」作「何」，「也」作「哉」。

全之謂德。」去理解。有得於內，精神內斂，能保全完整的自我，這個立意與末節「以積精為德」可說互通。它仍有常理賅括的「品德」之意在，而兼含「外得於物」的概念。至於「家以資財為德，鄉國天下皆以民為德」，便直取「得之於物」的「獲得」之意，不再有「品德」的內涵，也因此，與老學原旨有相當大的出入。

在行文脈絡方面：〈解老〉對「修之身，其德乃真」的闡釋，仍以外物不致構成誘惑，不致擾亂其精神，如此堅固之德，叫做「真」，它上承「不拔不脫」、善守道、有趨舍的解析與「以積精為德」的定義，下啟後文「修身者以此別君子小人」的小結，可說貫串順成，也尚能貼合《老子》旨趣。但下文則不然。因為由〈解老〉對「修之家，其德有餘」的解說，是由儉欲節用而資貨有餘著眼，此後每一關鍵，全用「行此節」擴充鋪論，我們可以理解得到：作者的立意，對於物欲的克制之關注，遠重於內在德操的檢省。〈解老〉是以「能拒斥物欲的誘引」當作「德」，又以最後所得於外物的「得」來代替「德」的成果的。其實「克制物欲」只是「德」的一部分，〈解老〉可說是以偏概全；而以「得」解「德」，過於落實為外物的獲取，其與《老子》全性之德，講究精神內涵者，相去懸遠。細究〈解老〉本文的最終境界，在倡行節用，以達到人人節儉，家家裕足，這是反映晚周客觀情境，諸子的政治理論都有富國裕民的呼聲，若以法家尚功用，切實際的立場來說，是相當符合的。

如果以獲取量之多而益多，來解釋《老子》「其德有餘、乃長、乃豐、乃普。」那麼，就個人修身而言，「外物不能亂其精神」的是君子，其涵義也將以節用裕足為依歸，勢必是「力而儉者富」是君子，「侈而墮者貧」是小人。這就又隱含韓非獎勵勤耕力作，拒斥游食商工的論調了〔註 20〕。「治鄉治邦莅天下者，各以此科適觀息耗，則萬不失一」，認為抱定節用裕足的法則，便可以詳觀邦國天下盛衰消長，這不是《老子》「不出戶，知天下」（四十七章）的類推理論，倒是接近韓非設規置衡，奉法為治國準繩的道理了〔註 21〕。

事實上，《老子》五十四章原是談論道的效用，意指建德抱道，不僅用以修身，子孫若遵照實行，亦足以緜緜相繼，永傳不絕。用之於家、鄉、邦、

〔註 20〕〈顯學篇〉云：「侈而墮者貧，而力而儉者富。今上徵斂於富人，以布施於貧家，是奪力儉而與侈墮也。而欲索民之疾作而節用，不可得也。」〈五蠹篇〉云：「夫明王治國之政，使其商工游食之民少而名卑，以趣本務而外末作。」

〔註 21〕韓非云：「夫懸衡而知平，設規而知圓，萬全之道也。明主使民飾於法，知道之故，故佚而有功。」（〈飾邪〉）

天下，無施而不當，德化普及，光輝徧覆。「德」是精神內斂含藏，人所稟之於道的特質，它不同於「外物」，是授受之間相對的增損，而是「既以為人，己愈有；既以與人，己愈多」（八十一章），可以施用於無窮，因此，德化的對象愈多，自己的「德」就更高深。〈解老〉把「德」字看得太現實，既解為「得」，在施受之際，為「物資」有限，不得不行「節制」。因此它是倡行「節用以致裕足」，不知《老子》卻是求其「大施」而本德的光輝更能發皇普及。這該說是道家哲學領域廣大，精神向上向內的提昇，發揮無窮的作用，不是講實用的法家所能意會；要不，就是〈解老〉作者要藉此表達富國裕民的觀點，特意將文筆轉向另一個角度。於是前半段大致能看作醇郁道家言的理論，也變成為證實「外物不能亂其精神」、「無用之物不能動其計」的伏筆；而作者既歸結為「以資財為德」、「有餘者益眾」，那麼，是以「聚財富裕」為旨，是重物的觀念，這與《老子》貴德輕物大異其趣。《老子》是重精神的自得，求的是內得於己；〈解老〉卻是重外物的獲取，重的是外得於物，其相去何啻天壤？不能不辨。

《老子》本旨，是以道修身，以道修身就賅括了「治家」、「治邦」、「治天下」的道理，因為「道」原是涵融萬理，無所不具的。對於《老子》這段話，張默生先生有深入的看法：

> 以上「修之於家」,「修之於鄉」,「修之於邦」,「修之於天下」，雖即是治家、治鄉、治邦、治天下，其實就是藉著「家」、「鄉」、「邦」、「天下」以修其身也。所謂修其身者是把人人所同具的德性，而獨全於己。如此，則天下人人誰不在所建所抱之中呢？推而至於家國天下，亦不過此德的相互感召罷了。所以說，一德之外無餘事，一真之外無餘修。《莊子》說「道之真，以治身，其餘緒（按：當作緒餘），以為國家；其土苴，以治天下。」就是發揮本章之意。

認為「修身」是要把「人人所同具的德性，而獨全於己」。正因道的涵蓋面廣闊，兼融廣泛性的各種德，既「以道修身」，這種種的德已兼具於一身，依類推遠，必然治天下是自然而然，是「充實自我後的自然之流澤。」〔註 22〕到了後起的道家手裡，表現在《莊子・讓王篇》的，便成了「貴身（生）輕天下（物）」的觀點，它通篇旨在借許多高蹈派之流的隱士，寧求內心的自得，不計生活的窮蹙（物質的欠缺），視富貴如浮雲，視祿位如糞土，來發揮「治

〔註 22〕見陳鼓應《老子今註今譯及評介》，頁 184。

身重於治天下」的哲理，這該是楊朱貴生為我一流的理論。「道之真，以治身」確實脫胎于《老子》，但歸結其意，並沒有《老子》觀照天下的一顆熱誠的心。愚以為不宜混為一談。

嚴靈峰先生《老子達解》，懷疑《老子》五十四章「以天下觀天下」一句係衍文。他說：

> 古者以「天下」為最大領域；「天下」之外，不能再有「天下」。《孟子・萬章篇》：「普天之下，莫非王土；率土之濱，莫非王臣。」可證。

疑係後人依上下文臆補，其說甚是。因為《老子》原是運用類推法，以己觀人，必有相對之多數，才能觀察比較。「天下」既是絕對性的最大領域，又沒有陰陽家「中國外如赤縣神州者八」的概念，真該看成衍文；否則只有解作「今之天下」與「古之天下」、「未來之天下」相較，所謂「十世可知也」〔註 23〕的道理了。

五、拒斥邪淫

〈解老〉第卌六節，對於老子五十三章前半段文字的闡釋，暗示邪道可畏，顯然別具眼光：

> 書之所謂「大道」也者，端道也；所謂「施」〔註 24〕也者，邪道也；所謂「徑」〔註 25〕也者，佳麗（𡙁邐）〔註 26〕也。佳麗也者，邪道之分也。

《老子》五十三章說：「使我介然有知，行於大道，唯施是畏。大道甚夷而民好徑。」以〈解老〉的看法，「大道」是「端道」，「施」是「邪道」，那麼就誠如王念孫的解說，是把「施」讀成「迆」，有「邪」之意〔註 27〕。如此，是將「大道」與「邪路」對立起來，一則與下文「大道甚夷」的「道」、「民好徑」的「徑」字有個照應；一則詞語雙關，由實際的大路、邪路，兼指人

〔註 23〕見《論語・為政篇》。

〔註 24〕「施」上原有「貌」字，高亨《補箋》云：「此解《老子》『唯施是畏』之『施』字，則『貌』字不當有，蓋涉上文而衍。」據刪。

〔註 25〕「徑」下原有「大」字，王先慎《集解》云：「〈德經〉『大道甚夷而民好徑』，河上公云：『徑，邪不平正也。』此『大』字衍。」據刪「大」字。

〔註 26〕高亨《補箋》：「依文義，佳麗為歧徑之別名可斷言也。」認為乃「𡙁邐」二字，音近通用。

〔註 27〕見王念孫《讀書雜志》〈志餘〉上。

生秉奉的準則之端正與偏差。這個說法堪稱簡明中肯。向來解釋《老子》的，對於「施」字還有兩種解釋：一是「施為」，認為《老子》力倡無為，故唯「施為」是畏；一是「誇張」，以為謙謙斂退，乃大道；施施誇張，是小徑。愚以為：〈解老〉的立說很值得採納，因為「施為」也好，「誇張」也好，都是別出的岔路，非正途也，一句「邪道」真可以賅括其餘。以《老子》哲學來說，人最重要的修為便是體道，崇奉自然，向人生本德回歸，只要人能摒棄後天的心智與多餘的施為，謙虛斂退，常若不足，便能與道合德，這原是很平穩可行的大道啊！無奈一般人受外界物欲的汩惑，嫌大道迂緩，總愛急鶩捷徑，炫智好強，侈然自放，這就好比走上荊棘滿佈的歧路，欲速而不達！放著好生生的大路不走，偏偏好行捷徑，結果適得其反，不但不能到達目的地，反而耗竭精力，徒然費神，難怪要說「唯施（迤）是畏」了。〈解老〉的解說確實有見地。

〈解老〉用「佳麗」來解釋「徑」字，用「邪道之分」來解釋「佳麗」，《韓非子》的註家有兩種看法值得揣玩。一是採高亨《補箋》的補說，把「佳麗」看作「崽邐」的通假，意指邪曲縈迂的小路；一是保留「佳麗」的詞，而視作「文麗」、「華麗」，與《老子》的樸質相對，樸質是大道，因而文麗便是小徑〔註 28〕。筆者認為高氏的看法簡扼中肯，意象也鮮明，在立意上也足以賅括「文麗」而有餘。據此而論，「徑」其實也是「邪道」，亦即「施（迤）」字，前後呼應，影射俗人不知大道之可貴，捨正途而弗由，使聖人不能不發浩嘆。

最近馬王堆出土的《帛書老子》隸書本，作「民好懈」，「懈」乃豪強之貌，那麼黃老一派學者是把《老子》的「大道」看作「謙下濡弱」，因而戒剛強戒好勝的了。就《老子》前後文分析，還是〈解老〉中肯可取。

〈解老〉卅六節對於《老子》五十三章後半段文字的說明，就有相當的偏差，其文如左：

> 「朝甚除」者，獄訟繁也。獄訟繁則田荒，田荒則府倉虛，府倉虛則國貧，國貧而民俗淫侈，民俗淫侈則衣食之業絕，衣食之業絕則民不得無飾巧詐，飾巧詐則知采文，知采文之謂「服文采」。獄訟繁，倉廩虛，而有（又）以淫侈為俗，則國之傷也，若以利劍刺

〔註 28〕馬敘倫《校詁》以為當作：「所謂貌施也者，佳麗也；所謂徑也者，邪道也。佳麗也者，邪道之分也。」陳奇猷《集釋》云：「韓非崇儉而非侈，侈則服文采，故謂之佳麗。……《老子》主張質樸而去華麗，質樸者，大道也；華麗者，小徑也。故韓非以佳麗釋《老子》之徑字。」

之，故曰「帶利劍」。諸夫飾智故以至於傷國者，其私家必富，故曰「資貨有餘」。國有若是者，則愚民不得無術而效之，效之則小盜生。由是觀之，大姦作則小盜隨，大姦唱則小盜和。竽也者，五聲之長者也，故竽先則鍾（鐘）瑟皆隨，竽唱則諸樂皆和。今大姦作則俗之民唱，俗之民唱則小盜必和，故「服文采，帶利劍，厭飲食，而貨資有餘者，是之謂盜竽矣。」〔註29〕

這段文字與《老子》原意相當有出入，最大的癥結在作者斷句不同。它先以層遞手法，推說「朝甚除」以至「田甚荒」、「倉甚虛」，終究變成「服文采」。這與一般註釋《老子》認為「倉甚虛」以上為一大複句，「服文采」以下為一大複句，以轉折關係構成，用來解說「盜夸」（〈解老〉作「盜竽」）者，差別很大。〈解老〉的「帶利劍」與「貨資有餘」也是各自獨立成句，不相聯屬。而「盜竽」一詞更是影響老學義理的探究。

「朝甚除」的「除」字，註家有兩種說法，一解為「治」，是指宮室修治潔好；一解為「污」，是指朝廷污亂。〈解老〉作者以「獄訟繁也」來說明，該是由第二義來的。朝廷污亂，法禁不明，賞罰不必，上彌殘苛，百姓動輒得咎，獨犯法網，所以獄訟繁多。就《老子》原文看，解作「污亂」與下文「無」、「虛」也一律；從韓非尚法的觀點推求，作者特意點明不能明賞罰即是吏治污亂，也透露一些法家的跡象。

大凡議論文字採用層遞格，往往容易陷於偏執。宇宙間的事理，有時相當繁複，很難用由一而生二，由二而生三的絕對口氣來賅括。〈解老〉慣用層遞格便常出現這種缺點。所謂「田荒則府倉虛，府倉虛則國貧」，這是順理成章，毫無疑問的；其他便須經讀者一番揣摩，才能使文章前後脈絡銜貫。「獄訟繁則田荒」，當是指由於獄訟繁多，百姓纏訟、繫獄、蒙冤屈、受刑誅者多，以至農夫失職、田園乏人耕種，自然非荒蕪不可了。「國貧則民俗淫侈」一句便嫌籠統，若以韓非思想來推研，該是指人民心存僥倖，冀望獲取非分之財，不復樸質務本（農、桑），而改習工商末作，以及從事文學，競習遊俠，心思侈放貪淫〔註30〕。由這個思路再推想，才有所謂「衣食之業絕」的結論。戰

〔註29〕此引語，今本《老子》「采」作「綵」，無「而」、「者」、「之」、「矣」四字，「貨資」作「財貨」，「竽」作「夸」，末有「非道也哉」四字。

〔註30〕〈五蠹篇〉云：「夫明王治國之政，使其商工之民少而名卑，以趣本務而外末作。」又曰：「國平養儒俠，難至用介士，所利非所用，所用非所利。是故服事者簡其業，而游學者日眾，此世之所以亂也。」

國諸子無不重農桑，因為它是衣食之業，立國之本，韓非的國防思想，最後目標在求富強，致富須仰賴農夫，致強須仰賴戰士，因而耕戰之士乃其理想公民。為提高耕戰之士的待遇，韓非每每大聲疾呼，要人君正視耕戰之士的重要性，相對的必須貶斥不利於耕戰的「五蠹」——學者（儒者）、帶劍者（愚家一派遊俠）、言談者（縱橫家）、患御者（逃避公役之人）、商工之民。這「五蠹」，和「力而儉者富」（顯學）的農夫相比，是「淫侈」的，農人若是全走向「五蠹」的路線，「衣、食之業」自然非斷絕不可了。這是韓非最大的隱憂，如此解說大致可以牽合。問題是，「國貧」是否農夫就向「五蠹」之流學習效法呢？以韓非的理論推述，不如說是國君的賞罰獎懲與毀譽不一致才引起大亂的，〈五蠹篇〉說：

> 富國以農，距敵恃卒，而貴文學之士；廢敬上畏法之民，而養遊俠私劍之屬；舉行如此，治強不可得也。國平養儒俠，難至用介士，所利非所用，所用非所利。是故服事者簡其業，而游學者日眾，是世之所以亂也。

就此而言，「國貧而（則）民俗淫侈」雖切合法家思想，立論畢竟欠周密。

倘若由前述論點推究，「衣食之業絕」乃是農人競效五蠹之行，必然淫侈，非復過去樸質力儉之貌，那麼便是「不得無飾巧詐」。〈解老〉以「巧詐」來引出「采文」，無論《老子》也好，《韓非子》也好，都是通用的。一般解說《老子》「服文采」都說是「穿著錦繡的衣服」，事實上老子何嘗不是以文采來賅括一切人為的巧飾？老子既厭黜人工，摒棄心智，力倡回真反樸，「巧詐」自是所不取；下文「飾智故」的「智故」也是「巧詐」之意。不僅《老子》，《莊子・刻意篇》也說：「去知（智）與故。」《呂氏春秋・論人篇》說：「去巧故。」《淮南・原道訓》說：「不設智故。」〈覽冥訓〉說：「道德上通，而智故消滅也。」足見道家理論是絕對排斥巧詐的。以韓非來說，其學說內求統一，外事富強，其理想公民非耕則戰，勤奮力儉，敬上畏法，樸陋聽令，如此必是要求質樸純愨，巧詐自在指斥之列。在《韓非子》書中，也明言「去舊去智」，不過立旨卻不盡相同。試看〈主道篇〉所言：

> 去好去惡，臣乃見素。去舊去智，臣乃自備。……是故去智而有明。……函掩其跡，匿其端，下不能原。去其智，絕其能，下不能意。

這是談論人君潛御群臣之術，不表露好惡智慧，避免人臣窺伺效習，冀圖僥倖，與〈二柄〉末段、〈喻老〉第二十節立意相同。它排斥智巧，是人君一種表象的作法，人君並非真不要智巧，只是掩飾不使臣子測探就是。〈解老〉說：百姓難免要文飾巧詐，則是指「民俗淫侈」而言，就文意推斷，當係指脫離法家理想耕戰之士的作風，而習染「五蠹」一類尚智用巧的行為，它並且強調「詐」字，兼含了一些不合情理法度的行為在內，也是上承「徑」、邪道」，把人類的心智作用的流弊更加以誇飾，這是遠比道家用「智故」詞意更明朗的棄智理論。

〈解老〉認為：「帶利劍」是指由獄訟繁引致倉廩虛，再加上民俗淫侈，於國有害，猶如以利劍斲傷國本。這是明顯的斷章附義。就《老子》原文剖析，「帶利劍」與「服文采」是並列的句子，它該是上有主語，以「佩帶」為動詞，形容某些權貴之士耀武揚威，脅迫百姓之貌，一般《老子》註說大致也是如此。〈解老〉只是偏解。

〈解老〉認為：一個國家要是民俗淫侈，以致斲傷國本，必有一些私門權貴，搜括民財，侵公肥私，所以說「資貨有餘。」《老子》的原文「服文采，帶利劍、厭飲食、財貨有餘」原是同樣用來形容某一類（一些）人如此如此，然後緊跟著判斷此其人「是謂盜夸（《韓非子・解老》作盜竽）。」〈解老〉卻將「服文采」、「帶利劍」及「財貨有餘」割裁開來，各有所名狀，彼此不再是平行關係，而成了因果關係了。就蘊意而言，「財貨有餘」的解說大致切合《老子》之意，《老子》正是指在「朝甚除，田甚蕪，倉甚虛」之下，一些權貴之人（私門）還沈湎嗜欲，貪圖享樂，侵奪百姓，損公肥私。倘若拿韓非的思想來驗合，他是肯定君臣異利，公私相背的，他一再警告國君不能太信任臣子，因為由人性自利觀點出發，他認為臣子往往只為自己打算，不見得肯為君國盡忠，譬如他說縱橫家講縱橫術是如此：

> 是故事強（指講究連橫政策），則以外權市官於內；救小（指講究合縱政策），則以內重求利於外。國利未立，封土厚祿至矣。主上雖卑，人臣尊矣；國地雖削，私家富矣。（〈五蠹〉）

臣子盤算的完全是自己的好處，君雖卑，臣得尊；國雖削，臣得富。〈孤憤篇〉也說：

> 臣主之利，相與異者也。何以明之哉？曰：主利在有能而任官，臣利在無能而得事；主利在有勞而爵祿，臣利在無功而富貴；主利在豪傑使能，臣利在朋黨用私。是以國地削而私家富，主上卑而大臣

> 重。故主失勢而臣得國，主更稱蕃臣，而相室剖符，此人臣之所以譎主便私也。

在韓非眼光裡，除了法術之士因為遠見明察，有理想抱負，能真正為國家效忠而外，一般臣子是不可完全冀望，所以他說「夫聖人之治國，不恃人之為吾善也，而用其不得為非。」(〈顯學〉) 要國君用術潛御群臣。話歸正題，韓非既認為大臣用私，「國地削而私家富」，那麼，〈解老〉「資貨有餘」的詮釋便非無據了。它乃是指國君不能行法用術，賞罰不明，以致民俗淫侈，大傷國本，如此之國，法術之士不得用，當塗重人大行其道，有所謂四助——敵國為之訟，群臣為之用，左右為之匿，學士為之談——為他掩飾遮蓋，君主權位愈來愈卑微，私門勢力愈來愈盛大〔註31〕，他囊括天下財貨，據為己有，何僅是「資貨有餘」呢！

「國有若是者，則愚民不得無術而效之，效之則小盜生。」〈解老〉用了《老子》書中未見過的「術」字，就文義揣摩當係指百姓難免要以巧詐仿效，這個「術」字，是心術、方術的意思；而稱呼百姓為「愚民」，在先秦子書裡煞是少見，《墨子・非儒下》:「盛為聲樂，以淫愚民。」和〈解老〉一般，算是罕有的例子。

〈解老〉與一般《老子》版本作「盜夸」不同，獨用「盜竽」，而且解說得頭頭是道，以至許多前代學者都主張以〈解老〉立意為本，解作「盜魁（強盜頭子）」，並據以訂正《老子》〔註 32〕。雖然元代吳澄、清代魏源等並不接受〈解老〉的詮釋，仍取王弼注「誇張」為義，〈解老〉「盜竽」一詞，在考證學上無疑仍佔有相當的地位。陳鼓應譯為「大盜」，引述為「強盜頭子」，便有折衷兼取之意。〔註33〕

綜上所論，〈解老〉卅六節的詮釋，雖然句讀不同，領會有出入，卻很有參證價值，如「施」字定義，「盜竽」一詞，給後代學者不少啟發。而由「獄訟繁」，以至「民俗淫侈」、「私家必富」的推述，也可以看出韓非思想明賞罰、斥五蠹、憤權貴的一些風貌。

〔註31〕詳見〈孤憤〉篇。

〔註32〕楊慎、俞樾皆主張從〈解老〉改訂為「盜竽」，詳見朱謙之《老子校釋》，頁137。王先慎《集解》亦云:「夸字無義，當依此訂正。」

〔註33〕朱謙之《老子校釋》:「道藏宋張太守彙刻四家注引弼注:『誇而不以其道得之，盜誇也。……』知王本讀夸為誇。」吳澄、魏源之說詳見《老子本義》。陳鼓應之說，見《老子今註今譯及評介》，頁182。

第八章　權　謀

道德五千言，不著一個「術」字。綜觀《老子》哲學，乃是詳觀宇宙消息盈虛以及古往今來種種事理，歸納而得的處世箴言。他倡議弱道哲學，主張守柔、處後、濡弱謙退。雖說守柔容易屈伸變化，他的目的仍是有意要能「強」、「為先」，卻是「自然而然」得來，並且終將再回歸自然樸質的本真境界。他的守弱自養，目的至多是在防人之攻我、害我；絕不求勝人、攻人、害人，畢竟還是內斂之學。法家運用《老子》的弱道哲學，卻是不擇手段要爭強取勝，於是便顯現心機與權謀詐術了。

一、看重權位

〈喻老〉第七節以掌握主權，不離君子本位，來說明《老子》「重為輕根」的道理：

> 制〔註1〕在己曰重，不離位曰靜。重則能使輕，靜則能使躁。故曰：「重為輕根，靜為躁君。」故曰：「君子〔註2〕終日行，不離輜重也。」邦者，人君之輜重也。主父生傳其邦，此離其輜重者也。故雖有代、雲中之樂，超然〔註3〕，已無趙矣。主父、萬乘之主，而以身輕於天下。無勢之謂輕，離位之謂躁，是以生幽而死。故曰：「輕則失根〔註4〕，躁則失君。」主父之謂也。

〔註 1〕制，主權，名詞。陳奇猷《集釋》以為即〈二柄篇〉之刑德，亦即「賞罰」大權。

〔註 2〕今本《老子》「君子」作「聖人」。

〔註 3〕超然，王弼註：「不以經心也」。

〔註 4〕根，原作「臣」，據文義及朱謙之《老子校釋》改。

主父就是趙武靈王，根據《史記・趙世家》，他在二十七年的時候，傳國給王子何，也就是趙惠文王，自號為主父。趙惠文王四年，公子成及李兌圍主父於沙丘宮，困了三個多月，主父終於餓死。韓非借武靈王的故事來發揮勢治理論：主權能掌握在國君手裡就叫做重（權重），做君主的不離開國君本位就叫做靜（能處靜）。「重」可以駕馭「輕」，「靜」可以控制「躁」，所以《老子》廿六章說：「重是輕的根本，靜是躁的主帥。」又說：「君子人終日行走，不離開『輜重』。」行軍是離不開「輜重」（軍隊後頭運載器物糧食的車子）的，國家正是人君的「輜重」，做國君的不能輕易拋開國君的權位。主父還活著就把君位讓了，這正是行軍拋棄輜重哪！所以儘管他在代、雲中兩郡，過得頗為快樂，逍遙自在，他已失去了趙國。主父是個擁有萬輛兵車的大國國君，卻因為離了君位，失了權勢，到後來孑然一身，被天下人看輕了。要知道：沒有權勢就叫做「輕」，離了君位就叫做「躁」，所以才會活活地被幽禁，終於餓死。所以《老子》說：「輕就要失了根本，不能掌握重權；躁就失了主宰，不能靜守本位。」主父正是如此啊！

《老子》主靜，靜是無為的根本，「重者恒靜，輕者恒躁，重、靜相關，而輕、躁互為表裡。是以貴靜亦貴重，戒躁亦戒輕。」〔註5〕四十五章云：「躁勝寒，靜勝熱〔註6〕，清靜為天下正。」躁勞而靜逸，道家主張以逸待勞，以靜制動，為政者能夠清靜，才能為天下人的楷模，無為無事而治理天下；至於清靜的根基卻在於無欲，嗜欲越淺，心靈越寧靜，為政者能無嗜欲，「不貴難得之貨，使民不為盜」（第三章），自然可以使百姓復歸於樸實無華的境界，所以五十七章說：「故聖人云：我無為而民自化，我好靜而民自正，我無事而民自富，我無欲而民自樸。」這「無欲、好靜、無為、無事」原是一系列整套的思想。至於「善為道〔註7〕者」也必能主靜；也唯獨能主靜，才能「微妙玄通，深不可識。」（十五章）由此可見，《老子》的立意，原與任用權數無干。

韓非〈解老〉第十六節云：「眾人之用神也躁，……聖人之用神也靜……」躁、靜對言，以見聖人特異於眾人，還不失《老子》本旨，至於說：「嗇之謂術也，生於道理。」輕易「拈」出「術」字，便隱然給老學戴上了法家刑名

〔註5〕見王協《老子研究》，頁46。
〔註6〕蔣錫昌《老子校詁》疑當作「靜勝躁，寒勝熱。」
〔註7〕「道」，原作「士」，依高亨說校改。

的服飾；〈喻老〉這段文字更明顯地拿任用權數的道理來加以附會。韓非的勢論，主張國君位高權重，不離位，不失權。他說：

主之所以尊者，權也。……明君操權而上重。(〈心度〉)

偏借其權勢，則上下易位矣。(〈備內〉)

凡人主之國小而家大，權輕而臣重者，可亡也。(〈亡徵〉)

〈喻老〉本文強調要能掌握大權叫做「重」，不離本位叫做「靜」，可說以法「喻」老，純粹是借題發揮自己的法家思想。當然，它已不是《老子》的本義了。

據《史記．趙世家》，武靈王胡服騎射，易禮化俗，便事厚國，是個相當有魄力的國君，以韓非的標準來衡量也可算是賢君了。但是他後來禪位失權，二子並立，枝孽僭嫡，宮闈擾亂，終至於餓死，難怪韓非要深引為憾！試看他偷渡到秦國，出了代郡，滅了中山，也可說是不世出的英雄人物了。倘若不輕離君位，能永久掌握權柄，繼續發展下去，說不定趙國的局面要大不同呢！

嚴靈峰先生闡釋《老子》，曾據河上公註，改「輜重」為「靜重」，於義為長。但就〈喻老〉本文看來，作者所見《老子》本已作「輜重」，儘管嚴先生也懷疑〈喻老〉「邦者，人君之輜重也」，「輜重」當作「輕重」，終嫌臆測；可見即使是錯誤，也由來已久了。嚴先生又採日人武內義雄之意，以為《老子》「是以聖人終日行，不離輜重，雖有榮觀，燕處超然。奈何萬乘之主，而以身輕天下」乃後人根據〈喻老〉臆補〔註 8〕，倒是別有見地。因為《老子》原文簡潔耐玩，〈喻老〉設喻，必然多出許多文字來。經這般刪節，《老子》廿六章便作：「重為輕根，靜為躁君。輕則失本（根）〔註 9〕，躁則失君。」正與〈喻老〉所引符合；而把「故曰：君子終日行，不離輜重也」看成《韓非子》的說明文字，在文例上既自然，「輜重」與「靜重」孰優孰劣的疑竇也可以化解了。

二、掌握賞罰

《韓非子》確信人性自利，君臣以計算之心相待，談不上什麼恩義，因

〔註 8〕見嚴氏《老子達解》，頁 108。

〔註 9〕馬敘倫以為今本《老子》作「失本」，係「根」字壞為「木」，後人改為「本」以就義。

此國君任勢，必須掌握統治大權，絕不可輕易假手於人。〈喻老〉第八節，便是藉《老子》之言來發揮這種道理：

> 勢重〔註10〕者，人君之淵也。君人者失勢重於人臣之間，則不可復得也〔註11〕。簡公失之於田成，晉公失之於六卿，而邦亡身死。故曰：「魚不可脫於深淵。」〔註12〕賞罰者，邦之利器也，在君則制臣，在臣則勝君。君見（現）賞，臣則損之以為德；君見（現）罰，臣則益之以為威。人君見（現）賞而人臣用其勢，人君見（現）罰而人臣乘其威。故曰：「邦〔註13〕之利器，不可以示人。」

魚要依賴深淵才能活，國君須仗恃權勢才能生存，道理相同，所以拿來比喻。做國君的倘若失去權勢，給臣子們奪走，就再也得不到了。齊簡公丟了權柄給田常（即田成子、陳恒）奪走，晉頃公以後，政權也落入韓、趙、魏、范、中行、智六個大夫手裡，最後國家破滅，國君被劫殺。所以《老子》卅六章說：「魚不能脫離深淵。」賞與罰，是治國的兩種銳利工具。賞罰大權如果掌握在國君手裡，便可以控制臣子；掌握在臣子手裡，就要壓倒國君。國君表露了有賞或罰的意願，臣子便在其間暗做手腳，斟酌損益，向百姓示惠、示威，使百姓感激自己、敬畏自己。因此，人君輕易顯露賞罰之意，人臣就借機運用國君的威勢。所以《老子》說：「治國的利器，不能向人顯示。」

本段也是韓非借《老子》之言發揮法家思想，與上節「人君不宜離位失勢」相承，正符合他的勢治主張。

韓非主張國君須獨擅權勢，掌握賞罰兩大權柄，才能駕馭群臣，治理國家。因為臣子「縛於勢」(〈備內〉)，百姓「服於勢」(〈五蠹〉)。賞罰大權隨便喪失其中一種，便會有劫殺之禍。〈二柄篇〉說：「田常徒用德而簡公弒，子罕徒用刑而宋君劫。」為了杜防「失勢重」而致「邦亡身死」，韓非替人君揣劃了一套「無為」之術。他假借《老子》「虛靜無為」之名，卻不曾歸於自

〔註10〕勢重，複名詞，相當「權勢」之意。下文「用其勢」、「乘其威」，「勢」、「威」義亦同。

〔註11〕「失勢重」，「失」字原在「則」字之上，依文義及〈內儲說（六微）篇〉乙正。

〔註12〕今本《老子》及《莊子．胠篋篇》所引無「深」字，《淮南．道應》、《說苑．君道》所引亦無「深」字。

〔註13〕邦，〈六微〉及河上、王弼本《老子》作「國」，一般引用亦然，惟傳本作「邦」。案：「邦」與「國」意同，韓非此文或以意改，當以多見之「國」為正本。

然。他所謂「虛靜」，是掩情匿端，不表現個人的好惡。因為他確信人性自為，君臣異利，臣子經常伺機窺察國君，君主的好惡如果隨意表露，往往成為臣子們爭權奪勢的憑藉，所以只有假裝「虛靜」，表面上「無為」，讓臣子們無從窺伺，而覺得君主神秘難測，於是便呈現廬山真面目，不敢矇騙國君〔註 14〕。

〈喻老〉這段文字，把老子的「利器」直截解為「賞罰」，並強調賞罰不能借人（在臣則勝君），不能示人（人臣用其勢，人臣乘其威）；與〈內儲說下（六微）篇〉人君所當省察的第一項「權借在下」，傳文第一節「勢重者，人主之淵也……人主失其勢重於臣，而不可復收也。……賞罰者，利器也，君操之以制臣，臣得之以壅主。故君先見（現）所賞，則臣鬻之以為德；君先見（現）所罰，則臣鬻之以為威。故曰：『國之利器，不可以示人。』」不但立意完全一致，遣詞、造句也大同小異，可以並讀會觀。由此也可看出二篇文字出於一手，殆無疑義；就思想而言，與《韓非子》重要篇目也符合，〈喻老〉是韓非的作品，也就可以肯定了。

劉向《說苑・君道篇》，引述司城子罕專政，只奪取了宋君「刑罰」的權柄，就「國人知刑戮之威在子罕也，大臣親之（原作「也」），百姓附之；居期年，子罕逐其君而專其政。」於是劉向提出尊君卑臣的呼籲：「無（勿）弱君而彊大夫。」接著說：「《老子》曰：『魚不可脫於淵，國之利器不可以借人』，此之謂也。」取材立意與〈喻老〉一般無二，可以為佐證。值得注意的是：他用「借」字，有「假予」之意，比「示」字更直截了當。《淮南子・主術訓》高誘註引《老子》作「國之利器，不可以假人」，「假」即「借」也，因此，朱謙之《老子校釋》懷疑古本「示」字有作「借」字的。不過，韓非在〈內儲說下篇〉及〈喻老〉本段引用都是「示」字，文中雖然也談及「賞罰不可失」、「權不下借」，但仍然一再用「君見賞」、「君先見所賞」（罰亦同），以「見（現）」解釋，正是扣緊一個「示」字，由此可以推知韓非所見的《老子》本子是「不可以示人」，並非「不可以借人」。

此外，有一點我們必須深究：《老子》第卅六章的原意，是否恰如韓非的設喻？「利器」，除了韓非解為「賞罰」之外，有說是「權道」（河上公）的，

〔註 14〕〈二柄篇〉末節云：「君見惡，則群臣匿端；君見好，則群臣誣能；人主見欲，則群臣之情態得其資矣。故子之託於賢以奪其君者也，豎刁、易牙因君之欲以侵其君者也。其卒，子噲以亂死，桓公蟲流出戶而不葬。……故曰：『去好去惡，群臣見素。』」

有說是「聖智仁義巧利」（范應元）的，嚴靈峰先生解為「凶器」、「兵強」；「有利器不能向人炫示」，老子的「利器」該是含意廣泛的，泛指一切強銳猛勁的「有為」的手段。同章上文提及「柔弱勝剛強」，兵強就不能勝利，剛強之道終極一定隨於滅亡，所以《老子》戒剛強，旨意在棄權謀，聖人智勇深沉，不炫露才能，自然不用「利器」，不以「利器」向人炫示；〈喻老〉法家的設喻，則是要君主暗藏利器，獨持利器，潛心運用而不欲人知。老學由此轉為陰謀權術，其居心已大不相同，一則無為以順自然，一則外表無為而實際無所不為。道、法兩家名同而實異，不可不辨。

三、故示柔弱

《韓非子・喻老篇》第九節，用三個事例來申明《老子》的弱道哲學，充滿了兵法家權謀數術的機詐之心：

> 越王入宦〔註15〕於吳，而觀之〔註16〕伐齊以弊吳。吳兵既勝齊人於艾陵，張之於江、濟，強之於黃池，故可制於五湖〔註17〕。故曰：「將欲翕〔註18〕之，必固張之；將欲弱之，必固強之。」晉獻公將欲襲虞，遺之以璧馬；知伯將襲仇由，遺之以廣車。故曰：「將欲取之，必固與之。」起事於無形，而要大功於天下，故曰：「是謂微明。」處小弱而重自卑損，是謂「弱勝強」也〔註19〕。

越王句踐打了敗仗，採納文種、范蠡的意見，卑詞厚禮去求和，親自到吳國去侍候吳王夫差；吳王北伐齊，句踐率其眾朝吳，又送了優厚的禮，吳王很高興，句踐的用意是要示意吳王用全力去應付齊國，等吳國軍民疲憊不堪的時候，自己好把吳國打敗。吳國的軍隊在艾陵打了勝仗以後在長江、濟水一帶擴張勢力，在黃池大會諸侯，一時極盛；句踐故意讓吳兵擴大勢力，增長他們的傲慢之心，自己終於能帶著軍隊一舉在太湖把吳國制伏了。所以《老子》卅六章說：「將要他收斂，一定先姑且（故意）〔註20〕使他擴

〔註15〕宦，事人者曰宦，此做動詞，「為奴僕」之意。

〔註16〕觀，示也；之，其也。「觀之伐齊以弊吳」，是句致使繫句。

〔註17〕五湖，今太湖。

〔註18〕翕，老子作「歙」，義同為「斂」。

〔註19〕「自卑損，是謂」，原作「自卑，謂損」，依顧廣圻《識誤》乙，並據松皐圓《纂聞》增「是」字。「弱勝強」《老子》作「柔弱勝剛強」。

〔註20〕固，《老子》原意為「已經」、「本來」，乃已然之辭；此處作「姑且」、「故意」解；今本《老子》作「故」。

張；將要削弱他，一定先故意使他強盛。」晉獻公想要襲取虞國，就送寶玉寶馬給虞國；知（智）伯想要近晉的狄國仇由，就送給仇由載著大鐘的大車〔註 21〕。所以《老子》卅六章說：「將要襲取它，一定姑且先給一些東西。」事情的發端看不出形跡，而終究能在天下建立大功，所以說：「幽微終能顯明。」〔註 22〕自己以小弱自居，力加謙抑貶損，就叫做：「柔弱之道終能戰勝剛強」！

法家學說的宗旨，在求得統一與富強。為求兵力強盛，除了實際講練，充實裝備之外，與敵人周旋之時，法家便與兵家一致主張揚棄仁義、「兵不厭詐」〔註 23〕，要以詭詐取勝。於是《老子》「柔弱勝剛強」（卅六章）的原則被運用上了，那便是有意故示柔弱，使對方輕視我方的實力，疏於防範，而後一舉突進，趁其不備，求取最後的勝利。所以「強」是目的，「故示柔弱」是手段，所謂「起事於無形，而要大功於天下」，也是外表「無為」而終究要達到「無所不為」的效果。將有所「取」，必有所「與」，以大事小，這種施與不過是「取之中府而藏之外府，取之中廄而置之外廄」〔註 24〕，也只是為達到「取」的陰柔手段；所謂「處小弱而重自卑損」，只是外表的柔弱，骨子裡是「強而又強」的，可見法家的「弱勝強」純粹是詐術的運用了。

當然，這只是法家權謀的運用，處在「爭於力」（〈五蠹〉）的時代所持的因應制宜的變通作法，與《老子》的原意大相逕庭。《老子》詳觀宇宙演變，相信對立的狀態是互相轉化的，所以說「禍兮福之所倚，福兮禍之所伏。」（五十八章）人生過程中，禍福相倚伏，「因禍得福」、「以福致禍」的事例不勝枚舉。《孟子》也說「生於憂患，死於安樂。」（〈告子下〉）由大自然對立的關係觀察，凡是剛強、突出、顯露的，容易受到摧毀，而柔弱、屈縮、隱微的卻易於適應，最能保全持久，而且更近於道體。所以，把這番道理推廣運用於人我之際的相處之道，便應該守柔、處弱、謙退、居下，能「知白守黑、知雄守雌」（二十八章），效法道體的渾沌〔註 25〕。基於此，我們可以說，《老

〔註 21〕事亦見《韓非子．說林下》。〈西周策〉作「遺之大鐘，載以廣車。」廣車即大車。

〔註 22〕微明，此用王道《老子億》解說。

〔註 23〕《韓非子．難一篇》：「晉文公將與楚人戰，……舅犯曰：『戰陣之間，不厭詐偽，君其詐之而已矣。』……謂詐其敵也。」

〔註 24〕《穀梁傳》荀息對晉獻公之語。

〔註 25〕參閱張起鈞《老子哲學》，陳鼓應《老子今註今譯及評介》。

子》是透過靈慧的分析，是積古今的經驗，歸納出來這些世態的真象，目的要世人能謹慎戒惕，留意事物的多面性，不要一味執著、好勝，而能退一步設想。所以卅六章云云，可以看成是弱道的運用，要人對人生採取柔（真剛）、弱（真強）的對策，而自求多福！

明人王道《老子億》有一段精闢的解說：

> 「將欲」云者，將然之辭也；「必固」云者，已然之辭也。……造化有消息盈虛與時偕行之運，人事有吉凶禍福相為倚伏之理。故物之將欲如彼者，必其已嘗如此者也。將然者雖未形而難測，已然者則有實而可徵。人能據其已然而逆探其將然，則雖若幽隱而實為至明白矣，故曰：「是謂微明」。柔之勝剛，弱之勝強，亦猶是也。雖然是理也，既謂之微明矣，則微而明可也，明其微不可也。何謂微而明？韜此理以自養，靜深而有本，悠游而自得，如魚之不脫於淵是也。何謂明其微？眩此理以示人，啟釁而招尤，借寇而資盜，如以國之利器示人而致禍是也。……蓋微明之理，在聖人用之，則為大道；而奸雄竊之，則為縱橫捭闔之術，其害有甚於兵刃也。故聖人喻之以利器云。

分析「將欲」、「必固」的辭氣，認為《老子》要人據已有的現象，逆探未來可能有的變化，而謙弱自守，靜深有本，悠遊自得。羅焌《諸子學述》也據此作了如下的結論：

> 竊謂此章首言物盛則衰之理，次言剛強之不如柔弱，末則戒人之不可舍柔而用剛也。豈誠權詐之術，而與各章之言相反哉！夫聖智仁義，《老子》且猶病之，況權詐乎！……謂《老子》為權數之學，是親犯其所禁，而復為書以教人，必不然矣！

這般說來，《老子》卅六章：「將欲歙之，必固張之；將欲弱之，必固強之。將欲廢之，必固舉之，將欲奪之，必固與之。是謂微明。柔弱勝剛強。魚不可脫於淵，國之利器不可以示人。」乃是由天道消息盈虛的觀察分析，及於人道處世哲學的揣探歸納，不但不是言權詐之術，而且還戒剛猛，戒權詐呢！

陳鼓應先生以為後人誤解《老子》，由韓非始。倘若客觀論斷，我們倒該明白：〈喻老〉立說的旨趣，並非「傳述老學」，而在於「以法喻老」，好表彰自己的學說，他斷章取義，顯然有目的而為，其不同於《老子》，該是可以諒解的。孔門師徒解《詩經》，不也往往引申義多於原義？如就實際切合政治策略來說，為求爭強取勝，不惜詭詐示弱，〈喻老〉這番權變的設喻，在兵法學說上還是一大創獲呢！即令理學巨子程朱認定《老子》竊弄權術〔註 26〕，錢穆先生《莊老通辨》也反覆說明《老子》是陰謀家，筆者認為還是該客觀地做個結論：兵法家的權術，與黃老的陰智，說它們出於《老子》，並非錯誤；但若認定《老子》尚權詐，講陰謀，就《老子》全書思想細加推究，便似乎嫌武斷，而值得商榷了。

四、忍辱求全

〈喻老〉第十三節拿句踐稱霸、武王稱王的史實，來申明忍辱所以制勝的道理：

> 句踐入宦於吳，身執干戈，為吳王洗馬〔註27〕，故能殺夫差於姑蘇。文王見詈於玉門，顏色不變，而武王擒紂於牧野〔註28〕。故曰：「守柔曰強。」越王之霸也，不病宦；武王之王也，不病詈。故曰：「聖人之不病也，以其不病，是以無病也。」〔註29〕

句踐到吳國去做奴隸，親自拿著兵器盾牌，做吳王的馬夫，（因為能忍受恥辱）所以能在姑蘇殺了吳王夫差。文王在玉門被辱罵，臉色不變，所以武王能在牧野俘虜了紂王。所以《老子》五十二章說：「能守著柔弱之道叫做強。」越王能稱霸，是因他不以做奴隸為羞辱；武王能稱王於天下，是因他不以被辱罵為恥辱。所以《老子》七十一章說：「聖人見侮不辱，因為他不以為侮辱，所以能雪恥，不再有羞辱之事。」

《老子》五十二章所謂「守柔曰強」，原是要人謹守自然無為的大道，秉守柔弱的原則；因為「天下之至柔，馳騁天下之至堅」（四十三章）、「柔弱勝剛強」（三十六章），在宇宙變化的情形下，能守柔，才能真強。老子哲學整

〔註26〕詳見《二程全書》卷十九，《朱子語類》卷百廿五。

〔註27〕宦，為奴僕事人。洗馬，在馬前引路，〈越語〉作「前馬」，意同。

〔註28〕玉門，地在成皐。玩文意，當係武王見詈，《識誤》以為〈趙策〉「武王羈於玉門」，羈為詈之誤。則「文」當作「武」，而下文「武王」可從上省去。按：《淮南．道應訓》記述文王借紂嬖臣費仲關說得以脫身，乃為玉門，假意享樂，以消除紂之疑慮，曰：「文王歸，乃為玉門，築靈台，相女童，擊鐘鼓；以待紂之失也。」似文王曾居玉門，然不及「見詈」之事，或傳聞之異。至武王擄紂之事，據《史記》紂王為自焚身死，並未被擄。

〔註29〕引文與《老子》不同，立意迥別。

體看來，是濡弱謙下的哲學，但倘若摘取一小段細說，它又往往可以附會一些新義。譬如：《老子》第二十八章：「知其雄，守其雌，為天下谿，常德不離，復歸於嬰兒。」對於雄強有相當透徹的了解，卻要安於雌柔，它含有持靜、處後、守柔的意義，這樣子作為天下的谿澗，處下不爭，也就可以保全常德不離失，而回復到嬰兒的純真狀態〔註 30〕。如果單就「知其雄，守其雄，為天下谿」而論，又可以把「為天下谿」看做「知雄守雌」的目的，那麼《老子》之學，作用雖傾向於消極，實際上是寓積極於消極之中，那就是一種以退為進的作用，不完全局限在自足長保了〔註 31〕。順著這個線索去探尋，《老子》「守柔曰強」，原是要人內斂、含藏、不炫露；法家卻斷章取義，進一步把它看成：要能卑己忍辱，以求強固實力，俟機制服敵人。那已經是由道家「功成事遂，百姓皆謂我自然」（十七章），不求強而自強的境界，轉化為機詐取勝的權謀，這種「守柔」不再是內斂、含藏，而是猛虎獵物伺伏，是暴風雨前的寧靜了。〈喻老〉本文借句踐滅吳復仇、武王伐紂雪恥來說明，無疑是法家的論斷，與《老子》本義懸殊了。

《說苑．建本篇》及《淮南．道應訓》都記載趙簡子立襄子為後嗣，理由是襄子雖然庶出，卻是能為了社稷之故忍受羞辱。後來，智伯和襄子一起飲酒，拿著酒澆灌襄子的頭〔註 32〕，左右之人看不過，請襄子殺了智伯，襄子卻忍下來了。最後，趙襄子終於聯合韓、魏把智伯打敗，三分其地，割下智伯的頭顱，做為飲酒的器具。拿這個故事，與〈喻老〉參看，足見政治領袖忍辱負重，原有至理存在；雖然〈喻老〉立意已超出《老子》的哲理範圍，借事說法，發揮法家學說，還是令人深省，值得玩味。

《老子》七十一章說：「知，不知，上；不知，知，病。是以聖人不病，以其病病，是以不病。」〔註 33〕意思是說：一個人能了解大道，卻表現得好像並不了解一樣，這是最高明的了；如果強不知以為知，那就是毛病。聖人不犯這種毛病，因為他把「強不知以為知」看做毛病，所以絕不會有「強不知以為知」的毛病。〈喻老〉的立意與《老子》完全不同，它將「病」字解為「辱」，認為能不把小辱當做恥辱，所以能忍小辱而就大謀，終至湔雪前恥，不再有羞辱之事。因為把「守柔」作為手段，終於求得真「強」，已實際運

〔註 30〕詳陳鼓應《老子今註今譯及評介》。

〔註 31〕見蕭公權《中國政治思想史》。

〔註 32〕譯從《說苑》：「灌襄子之首」，《淮南》「灌」作「批」。

〔註 33〕舊本多贅文，引文從朱謙之《老子校釋》採錢大昕校說。

用於政治謀略，已由《老子》的「受國之垢」（七十八章）引伸「為社稷忍辱」，於是引文不知不覺也就有所差異，它多出「之」、「也」兩字，並不影響全文的旨意，這種現象在〈解老〉、〈喻老〉中倒也常見；但它將「病病」引為「不病」就很值得推敲。它並不是誤引，而是用意迥然有別。足見〈喻老篇〉以事譬喻，以老解事，自有一番機杼，不得拘泥據〈喻老〉來改易《老子》原文，也不宜拿《老子》本義，來強加解釋，司馬遷所謂「歸本於黃老」在〈喻老篇〉釋義上來說，也往往只是名同而實異。大抵是斷章取義，引伸運用，正如儒者說詩，往往附加許多個人心領神會的新義，不完全是原來的意思了。

五、敵國廢置

殷紂王有個嬖幸的佞臣——費仲，《史記・周本紀》記載：文王被拘於羑里，散宜生等人正是借助他說項，以寶物美女免了罪。《淮南子・道應訓》也說：

> 屈商乃拘文王於羑里。於是散宜生乃以千金求天下之珍怪，得騶虞、雞斯之乘，玄玉百珏，大貝百朋，玄豹、黃羆、青豻、白虎文皮千合，以獻於紂，因費仲而通。紂見而說之，乃免其身，殺牛而賜之。

他們藉著費仲而疏通，達成目的，費仲雖是敵人的佞臣，卻幫了文王不少的忙。所以，善用敵方的奸邪之臣，在政治謀略上說，是很重要的一步棋。《韓非子・喻老》第廿三節（最末一節）便說明掌握敵方人員廢置大權的道理，賢者要讓他不得任用，邪佞之人卻是巴不得他們能受寵信：

> 周有玉版〔註34〕，紂令膠鬲索之，文王不予；費仲來求，因予之。是〔註35〕膠鬲賢而費仲無道也，周惡賢者之得志也，故予費仲。文王舉太公於渭濱者，貴之也；而資費仲玉版者，是愛之也，故曰：「不貴其師，不愛其資，雖知（智）大迷，是謂要妙。」〔註36〕

文王把玉版給了費仲，而不交給膠鬲，就因為費仲無道，愛惜他是個好憑藉，可以利用來消滅殷紂王；而由於膠鬲很賢能，倘若得志，反而於己不利。所以文王故意讓膠鬲交不了差，而成全了費仲，這是他的權謀，希望紂

〔註34〕玉版，玉製所以書冊命、錄箴戒者。
〔註35〕是，意同「夫」，發語詞，詳王引之《經傳釋詞》。
〔註36〕本文立意與《老子》原旨不同。

王因此疏遠膠鬲而重用費仲，換言之，文王是掌握了紂王的廢置大權，要讓紂王無形中上了圈套，逐步走上敗亡之途。其次，就自己本身而言，文王在渭水邊提拔太公望，立他為軍師，這是尊重他可以為自己的導師。於是〈喻老〉引述《老子》二十七章的話，而稍微變通說：「不尊重自己的導師，不愛惜自己的憑藉，即使自以為聰明，也是太迷糊，這叫做應世奧妙的道理。」

在政治權謀運用上，大凡兩方對立，敵弱則我強，敵之禍即我之福。在我方，固然要選用忠良志士，一心一德，群策群力，共襄盛舉；至於對付敵人，就希望能掌握他們的廢置大權，去其忠良，使奸小當道。奸邪之徒唯利是圖，君國觀念淡薄，往往上壅君主，下欺百姓，給予我方可乘之機。所以自古以來，兩方對立，為要掌握敵國廢置之權，每每不惜施行反間之計，以重利賄賂敵方的奸邪之徒，去除敵國的忠貞之士。越王句踐重賄伯嚭，讓他說服吳王夫差，應允越人求和，殺了伍子胥，伍子胥一死，真是親者痛而仇者快，越國也才能喘一口氣，而終於能復國復仇！伯嚭正是越人復仇的好憑藉，越人重賄他，就是「愛其資」啊！伍子胥是吳王的好導師，吳王要他自刎，正是「不貴其師」，一成一敗，道理昭彰，不待細說。再看田單復國，首先施行反間，讓魏惠王調走樂毅，魏惠王七十餘城得而復失，也是由於「不貴其師」！《三國演義》中，膾炙人口的一齣戲——群英會蔣幹中計，曹操一時糊塗，誤信蔣幹的假情報，殺了劉表的舊屬、熟諳水性的水軍都督蔡瑁、張允，正合了周瑜的意，赤壁一戰，曹軍所以落敗，正是被敵人操縱了廢置大權。《韓非子》在〈內儲說下篇〉，把「敵國廢置」列為人君所當省察的要項之一，傳文舉的第一個事例便是：「文王資費仲而遊於紂之旁，令之間紂而亂其心。」要藉費仲來擾亂敵人，與〈喻老〉「資費仲玉版」正可以互為註腳。文王尊重太公望，因為是自己的賢臣，可以輔佐自己籌劃方策，不能「不貴其師」！他優待費仲，因為是敵人的諛臣，可以協助自己削弱敵人的勢力，不能「不愛其資」！至於膠鬲雖賢，文王雖愛才，也不能不冷淡他，因為他是敵人的忠臣，怕他得志，於己不利呀！當商鞅還未入秦的時候，事魏相公叔痤，做中庶子的官，公叔痤臨死向魏君推薦商鞅，他又勸魏君，要用他最好，不能用，最好殺了他。理由很簡單：魏君要能用他，他是好人才；不能用，到了敵國去，便是自己的一大威脅。楚霸王不用韓信，劉邦拜他做了大將，便成了楚霸王的剋星，「楚材晉用」，畢竟是於

「楚」不利呀！

戰國之末，秦人畏懼趙將廉頗持重善守，而心知趙括虛言無當，於是行反間之計，使趙王誤以為秦人真的忌憚趙括，使趙括守長平，因此秦國得以派遣白起大破趙軍，坑趙卒四十萬人。從這個事例，也可領略秦人之所以得勝，以至統一天下，就在於掌握敵國廢置之權。文王抵制膠鬲，善待費仲，正是這個道理。

我們回過頭來，再看看《老子》廿七章的原文：

> 善行無轍迹，善言無瑕謫，善數不用籌策，善閉無關鍵而不可開，善結無繩約而不可解。是以聖人常善救人，故無棄人；常善救物，故無棄物。是謂襲明〔註 37〕。故善人者，不善人之師；不善人者，善人之資。不貴其師，不愛其資，雖智大迷，是謂要妙。

聖人無為的「至善」境界，是超乎人所能形容的，也是以不用為用的。「善人」的境界便略遜一籌，善人可以做不善之人的導師，但是善人不如聖人，難免炫露自己，好為人師，而有沾沾自喜的自傲。不善之人可以做善人的借鏡，但善與不善對立的結果，使不善之人相形見絀，他的造化既嫌炫露，又有所選擇，不盡周徧，不能是「無棄人」了。聖人的作法就不是如此。他的聰明深藏不露，既以無用為用，便是以不救為救，不好為人師，以不學為學，用不著崇奉老師；他也不願拿不善之人做自己的借鏡，以免陷人於「不善」的惡名。因此，自己雖然是「大智」，卻與人渾然無別；別人看他，也忘了聖人是善，自己是不善，終究跟著轉化，而毫不察覺，這正是聖人偉大之處，也是最幽微玄妙的道理〔註 38〕。所以《老子》的意思是要「還淳反樸，不貴師資」〔註 39〕。也是聖人「大智若愚」〔註 40〕、儕同人我的一個作法。

韓非〈喻老〉援引《老子》，卻運用於實際政治理論上，雖精湛耐玩，已是法家風貌，不是《老子》本義了。

六、計存封地

人臣運用心機保存自己的封地，不一定是砥德修政，選賢用能；也不一定是善選將帥，擴張武備。因為過於炫示自己的優點或野心，只有招來君王

〔註 37〕王道《老子億》：「襲明，言藏其明而不露也。」

〔註 38〕說詳魏源《老子本義》。

〔註 39〕蔣錫昌《老子校詁語》。

〔註 40〕嚴靈峰《老子章句新編》引程以寧曰：「『雖智大迷』，即大智若愚之謂。」

嫌忌，不僅不能保有封地，還可能引致殺身除封的大禍。《韓非子・喻老》第六節引述孫叔敖請封惡地而得以長久留傳子孫的故事：

> 楚莊王既勝晉〔註41〕於河雍，歸而賞孫叔敖，孫叔敖請漢間之地〔註42〕、沙石之處。楚邦之法，祿臣再世而收地，唯孫叔敖獨在。此不以其邦為收者，瘠也，故九世〔註43〕而祀不絕。故曰：「善建不拔，善抱不脫，子孫以其祭祀，世世不輟。」〔註44〕孫叔敖之謂也。

孫叔敖請封漢水邊多砂石的貧瘠土地，因而打破楚國留傳兩代就沒收封地的成例，使子孫能夠長久保有封土，祭祀不斷絕。這正是《老子》五十四章所說的：「善於建立的，不可拔除；善於抱持的，不會脫落。子孫得以祭祀，世世代代不斷絕。」

這個故事，《列子・說符篇》、《呂氏春秋・異寶篇》、《淮南子・人間訓》，都說是孫叔敖臨死，交代兒子：楚王若要賜封，不妨要求寢丘這個地方，由於名字取得不好，意思是「葬地」，楚人信鬼，越人信禨祥，沒有人會看中他，因而能保留長久，不被收回。《史記・優孟傳》說法雖不同，仍是以寢丘封孫叔敖之子。〈喻老〉人物及地點不盡同，可能是傳聞之異。

孫叔敖要求封賜一塊不惹人注目的貧瘠土地，因為本身不足取，國君也就不再收回，反而可以永遠留傳給子孫。這正是《莊子・山木篇》所謂「此木（大木、大樹）以不材得終其天年」的道理。好的、美的事物，人人要爭；惡的、壞的事物，人棄我取，這是道家「守雌」、「守黑」、「守辱」（二十八章）「大智若愚」的人生哲學的發揮，也是儉欲不爭、自甘黯淡而終能永保不變的實例。《呂氏春秋・異寶篇》評得好：「孫叔敖之知（智），知不以利為利矣，知以人之所惡為己之所喜，此有道者之所以異乎俗也。」從另一個角度來看，孫叔敖也可以說是能洞察君臣之間的利害關係，知道君臣的利益不同，懂得要避去君王的嫌惡。在國君眼裡，臣子擁有的越少越好，以免構成心腹之患；能避開君王的嫌惡，要求貧瘠的封土，正是為子孫久遠打算啊！

〔註41〕晉，原作「狩」，《藝文類聚》、《淵鑑類涵》、《淮南・人間訓》皆作「晉」。《史記》：「楚莊王十七年敗晉師於河上，遂至衡雍而歸。」當據改。

〔註42〕當即指寢丘，不過〈喻老〉意在其地「瘠」，不在「名惡」。

〔註43〕九世，〈滑稽傳〉（優孟傳）作「十世」，意言其長久。

〔註44〕今本〈德經〉五十四章無「以其世世」四字，王弼本有「以」字。

漢代初年，蕭何功勞第一，位居丞相，《史記》說：「何置田宅，必居窮處，為家不治垣屋，曰：『後世賢，師吾儉；不賢，毋為勢家所奪！』」在偏遠處置田宅，不作豪華的佈置，也是希望以其「平凡」而能長久傳予子孫，思慮與孫叔敖如出一轍。

韓非基於人性自利的觀點，認為君臣彼此互用心計，做國君的要杜防臣子譎主便私，而以密術駕馭群臣；做臣子的也要能揣摩國君的心意，竭力取得君王的信任。《韓非子》一書談君道的多，論臣道的少，不過僅就〈說難〉一篇看來，專制君主的習癖，臣子們要能揣摸清楚，不妨卑身以進，卻絕對不要「嬰（攖）人主之逆鱗」。〈喻老〉本文借孫叔敖請瘠地的故事，也正發揮不觸犯君王的忌諱的道理，真個融合道、法，精彩絕倫，看成韓非的作品，與他的學術思想並無衝突。

就人臣不犯君主避忌一點，我們還可以舉兩個例子：

蕭何一生事奉飛揚跋扈、苛忌善變的漢高祖，能長保無事，死後封爵絕而復續者四，在漢代是僅有的特例。推究因素，除了他一向「恭謹」以外，主要還是他能揣摩君主的心理，避去漢高祖的疑忌。《史記·蕭丞相世家》說他在楚漢相爭的時候，留在關中，「計戶口、轉漕、給軍」，漢王常常派使者找他麻煩，他便聽鮑生的建議，派遣自己一些能作戰的兄弟子姪去前線參戰，除去漢高祖的疑慮。高祖十一年，韓信謀反被誅以後，高祖加封他五千戶，卻派一個都尉帶了五百人「保護」他；他又採納東陵人召平的建議，辭讓了封邑，把所有的家私捐獻出來作為補充軍需之用，這樣再度鞏固了漢王對他的信心。又過一年，黥布造反，他勉勵百姓捐財佐軍，又有人勸他以賤價強買百姓田地，製造一些壞名聲，免去高祖疑慮他「得民和」的心理。由蕭何一生煞費苦心與高祖周旋的事實，可以肯定：君臣之間的猜疑，確實是存在的，尤其是一國之君，既不願臣子逍遙閒逸，也不願臣子的美名遠超過自己。做臣子的能巧妙地避開君主的「逆鱗」，才能明哲保身，也才有可能謀及子孫。

我們再看淮陰韓信初拜大將，定魏攻趙，取下了齊國，便派了使者，要求做「假王」（代理齊王），粗魯的漢高祖破口大罵，後來雖然領悟張良、陳平的暗示，照封不誤，內心早有了疙瘩。天下平定後，韓信封為楚王，有人告密說：韓信謀反。高祖問都沒問，就用陳平的計策，假裝出遊到了雲夢，趁韓信迎駕時，把韓信抓了，載上車子。韓信大叫：「天下平定了，我（再也沒有利用價值）當然該殺！」高祖掉過頭說：「你別出聲，你想造反，明顯得很！」我們後世讀史的人，不難從韓信擁兵、權傾一時，受君主猜忌，看出高祖的不安；而韓信當年冒然請封齊王，正是觸犯人君的大忌哪！韓信雖不是無謀的武夫，卻是不知自處的名將，己身不保，更甭談爵位傳留幾代，善為子孫謀了！

《韓非子．解老篇》對於《老子》這一段引文，另有一番闡釋：

> 人無愚智，莫不有趨舍〔註45〕。恬淡平安，莫不知禍福之所由來。得於好惡，怵（訹）〔註46〕於淫物，而後變亂。所以然者，引〔註47〕於外物，亂於玩好也。恬淡有趨舍之義，平安知福禍之計，而今玩好變之，外物引之。引之而往，故曰「拔」。至聖人不然：一建其趨舍，雖見所好之物不能引，不能引之謂「不拔」；一於其情〔註48〕，雖有可欲之類，神不為動，神不為動之謂「不脫」。為人子孫者，體此道以守宗廟，不滅之謂「祭祀不絕」。〔註49〕

人不分智慧愚拙，都有行事的取捨標準。清靜恬淡，知足平安，沒有不知道禍福的根源的。一旦受了外界珍玩淫物的影響，引發好惡之念，於是行事的取捨標準，以及對禍福的領會便有了改變。所以會這樣，是受了外界事物的引誘，以及玩好的東西的迷惑。清靜恬淡的人，有行事取捨的法則；知足平安的人，了解禍福的關鍵。現在奇珍玩好改變了他，外界的事物引誘了他，他被引誘著走了，所以說「拔」。聖人就不是如此，立定了取捨標準之後，即使遇到所愛好的東西也不受引誘，不受引誘就叫做「不拔」；性情純一，即使見有令人嗜欲的東西，神情也不動搖，神情不動搖叫做「不脫」。做人子孫的，能體會這「不拔」、「不脫」的道理，繼承先人的事業，奉守宗廟，國家得以不滅亡，就叫做「祭祀不絕」。

這段文字就人類行事的標準與節操的堅持上，強調聖人自有趨捨，不受外物引誘而動搖改變；為人子孫的，若能承先人之意，勤修德行——以清靜致恬淡，以知足求平安，謹奉宗廟，便不至滅國。立論純就個人修身以求恬淡寡欲發揮，大抵是《老子》本旨。〈喻老〉著眼就已經擴展到人生行事方

〔註45〕趨舍，趨向與捨棄，即「取捨」也。
〔註46〕怵，假為「訹」，《說文》：「訹，誘也。」
〔註47〕引，《纂聞》：「誘也。」
〔註48〕一，借為「壹」，《說文》：「壹，專壹也。」
〔註49〕今本〈德經〉及〈喻老〉「絕」作「輟」。

面，它所「建」所「抱」的已不是單純的個人修養，而是外在的物——封地。〈解老〉的「不拔」、「不脫」指的個人精神涵養不受外界的引誘紛擾；〈喻老〉卻指所「建」所「抱」之物——封地不被奪去廢除。在內容潛含的意義來說，〈喻老〉更深一層，融有法家君臣異利、不逆人主志意的思想。兩篇著墨完全不同，究竟是否一人一時所作，很難論定，至少兩篇的立意是互不相關的。

第九章　棄　智

老子身為周守藏史，博覽群書，深察史實，他個人可說不廢書策、智慧深遠的了。卻因周末文弊，書籍每多溢美飾善之言，不足採信；而智慧之於人，小則啟誘私欲，大則助人貪詐作偽。所以經過詳細的推敲，他主張摒棄智慧；智慧得自於書籍與學習，於是連帶也排斥書籍與學習。推究他的目的，實在是為了這樣可以使人民無憂無慮，回復樸實的本性。韓非卻是有意箝制思想，愚弄百姓，使百姓愚戇魯鈍，聽任君主差遣。他排斥智巧，正是要國君去除私智私欲，秉奉公法，以求普徧周全的統治效果。本章所討論的，原為〈喻老〉第十五、十六節。所謂行事應因時制宜，變通不拘，接近韓非進化的歷史觀；所謂「智者不以言談教，慧者不以藏書學」，接近韓非「無書簡之文」、「無先王之語」的議論。至於摒除智巧，善用憑藉，使自然有成，儼然是韓非法術並用必能治強的說法了。

一、焚書不學

〈喻老〉第十五節，藉王壽與徐馮的對話，來說明「學不學」的道理：

王壽負書而行，見徐馮於周塗〔註1〕，馮曰：「事者，為也。為生於時，時〔註2〕者無常事。書者，言也。言生於知（智），知（智）者不藏書。今子何獨負之而行？」於是王壽因焚其書而儛（舞）之。故知（智）者不以言談教，而慧者不以藏書學〔註3〕。此世之所過

〔註1〕周塗，大道。亦可解為「往周之塗中」。

〔註2〕「時」原作「知」，涉下文「知者不藏書」而誤，從王渭說並檢文例改。

〔註3〕「學」原作「篋」，據陶鴻慶《札記》說改，「教」與「學」皆動詞，「言談」與「藏書」皆憑藉補詞。

也，而王壽復之，是學不學也。故曰：「學不學，復歸眾人之所過也。」〔註4〕

王壽是古代一個喜歡書的人，他背著書走路，在大路上遇到道家之流的人物——徐馮，徐馮看不過，說：「事是人為的，它隨著環境變化而改動，一個人有所作為，必須因時應變，因此知道順時應變的人沒有一成不變的事。書籍是記載言辭的，言辭出於智慧，只要有智慧，便能有所言，所以能言的人不必懷藏書籍。你為何背著書走路？」王壽聽了就把書給燒了，高興得跳起舞來。所以智者不拿言談來教化，慧者不借藏書來學習。智者這種行為，正是一般認為過錯的，但是王壽卻仍然這麼做。這就是說智者所學的，就是「不學」呀！所以老子六十四章說：「（聖人）所要學的就是無知無識，又回復到眾人認為過錯的『不學』的樸實境界。」〔註5〕

《淮南子．道應訓》引述同樣的故事，徐馮說：「事者應變而動，變生於時，故知時者無常行。」正是〈喻老〉「事者為也，為生於時，時者無常事」的意思，顯然根據〈喻老〉的文字加以發揮，而闡義更為明晰。知時者順時應變，沒有固定不變的行為，所謂「識時務者為俊傑」意正相通。法家巨擘商鞅、韓非都揭櫫因時制宜的歷史進化理論，主張「禮法以時而定，制令各順其宜」(《商君書．更法》)，必須「論世之事，因為之備」(《韓非子．五蠹》)，而反對崇古、法古的行徑。我們不難看出，〈喻老〉這段文字隱然是由道家轉變為法家的依託之詞。道家的智慧，原以為大自然運行不已，萬物隨著生息止滅，無須再有作為，一切自然合軌；因而主張謙冲為懷，虛靜無為；法家則是積極地推廣這番理論，作為智者隨機應化、慧慮無窮的論據。其「大有為」的旨意，當然是不同於道家的。

我們也可以看出，「智者不以言談教，慧者不以藏書學」與韓非反對儒者「藏書策，習談論」(〈顯學〉) 的理論很相近。韓非抨擊儒者「修文學，習言談，則無耕之勞而有富之實；無戰之危而有貴之尊。」由於儒者之學不切實際富強的功用，所以「舉先王、言仁義者盈廷，而政不免於亂。」於是，他主張「明主之國，無書簡之文，以法為教；無先王之語，以吏為師。」(皆見〈五蠹〉) 極端蠛棄學術，有意箝制思想。這些主張成了李斯奏請秦始皇焚書

〔註4〕今本《老子》無「歸」字。

〔註5〕《韓非子》之意，猶云「復歸於不學」也。與一般通解「挽救（或改正）眾人離道失真的過錯」微有出入。

坑儒的論據，兩千年來深為後人所詆斥；若要分析它的根源，與道家「不學」及「絕聖棄智」（十九章）之說自然有些許關連，不過，卻也並非完全一脈相承。

儒家講究教化，要啟發民智，使他們能明人倫，知禮義，而進一步發展完整的人格，以求達到內聖外王的境界。〈學記〉說：「君子如欲化民成俗，其必由學乎！」藉著「學」，順人情，引發人類求知的慾望，做合理的誘導，切磋琢磨，日進不已，所以是「為學日益」（《老子》四十八章）。道家卻認為周文之弊，繁瑣縟飾，日失本真，人類惟有汰除繁文縟節，回復原來的樸實，才能免去爭執糾紛，而謀得安寧幸福，所以說：「為道日損，損之又損，以至於無為。」（四十八章）在道家看來，人們所學僅是外在的知識，人類運用心智向外馳求，必然使精神渙散，思慮紛雜，而憂慮自然產生；人只有根本不學，才能斷絕憂慮的根源，因此說：「絕學無憂。」（二十章）不僅如此，舉凡人為學習的一切理想目標，以道家的眼光看來，都是違反自然，而使得人們遠離樸實的真性，也都要一律拋棄，所以說：「絕聖棄智，民利百倍；絕仁棄義，民復孝慈；絕巧棄利，盜賊無有。」（十九章）只有這樣，才能做到「見素抱樸，少私寡欲。」（十九章）我們可以說：《老子》棄智絕學是要人無欲無憂，聖人要與百姓一起「復歸於樸」、「復歸於嬰兒」（二十八章），回復到原始最淳樸、人人自足自樂的混沌境界。《老子》愚民、尚質的精神在此，就這點來說：老學儘管消極，也不失為亂世一帖清涼劑，它救世的用心也令人深省。

《韓非子》的立意與《老子》名同實殊。他因為極端尊重統治者，相對的便極端看輕被統治者，於是有「民智如嬰兒」（〈顯學〉）之說，使統治者更具優越感，更剛愎自用，而易於淪為獨裁政治。又因為尚功用，究實際，重國家，輕個人，一切以國家目前實際功利為主，於是個人的修為、涵養，都不是他所留意的；文化傳述，先民遺則，也因為應時制宜的歷史觀而硬給否定了。基於此，儒者所為所論，便一無是處。他所求於民的，僅是循法從令，勤耕厲戰就行，因而越淳樸越愚戇的越好，「學」是大可不必的了，「書策」、「談論」也是多餘的。他的「愚民」也已非道家的「與民同歸於樸」；他的百姓雖愚，在上位者卻是繳察苛刻，極端理智，能潛運密術，控制群臣，絕不與民同愚的，這是韓非有取於道家、依託道家而實又不同於道家之處。

《老子》六十四章所謂「學不學，復眾人之所過」，可以看成「絕學無憂」、「絕聖棄智」、「絕仁棄義」的結論。陳景元解得好：「世俗以不學為過，聖人以不學為真學。」試看天地無為無事，不言不動，而萬物自然化育，滋生長成，所以「聖人處無為之事，行不言之教」（第二章），聖人的教化也是「無為」的、「不言」的，主要是任其自然。但是〈喻老〉本段所謂「時者無常事」、「知者不以言談教，而慧者不以藏書學」，已渲染了一些法家人為的色彩，與《老子》的本旨略有差別，所謂「歸本於黃老」（《史記》韓非傳），絕不是完全以道家的旨趣為依歸，而含有相當程度的依託性質。

二、摒棄智巧

從宇宙萬物普遍的原則來說，萬物各有一定的形態，人們只能順著物性作適當的引導，聽其自然發展。於是，以靜的方面說，萬物都能具備各自的特質——亦即由「道」析出的「德」；就動的方面說，便離不開自然的軌道，而要順應大道。《韓非子・喻老》第十六節說：

> 夫物有常容，因乘以導之，因隨物之容。故靜則建乎德，動則順乎道。

為了申明這種道理，韓非舉了一個宋人以巧食祿於宋，而被列子否定才藝的故事：

> 宋人有為其君以象為楮葉者，三年而成，豐殺莖柯〔註6〕，毫芒顏〔註7〕澤，亂之楮葉之中而不可別也。此人遂以巧〔註8〕食祿於宋邦。列子聞之曰：「使天地三年而成一葉，則物之有葉者寡矣。」

一個宋國人替君主用象牙雕刻楮葉，花了整三年的工夫，才雕刻成功，葉子的厚薄大小、葉脈、葉柄、葉上細毛、顏色、光澤等，都幾可亂真，列子卻認為這是違反自然，事倍功半，毫不足取。

於是，《韓非子》做了結論：

> 故不乘天地之資，而載〔註9〕一人之身；不隨道理之數，而學一人之智，皆一葉之行也。故冬耕之稼，后稷不能羨〔註10〕也；豐年大

〔註6〕豐殺：肥瘦大小。莖柯：葉脈葉柄。
〔註7〕「顏」，原作「繁」，依高亨《補箋》說校改。
〔註8〕「巧」，原作「巧」，依王先慎《集解》說改。
〔註9〕載，任。
〔註10〕羨，饒溢也，意指豐收。俞樾改為「美」，與「惡」對文。

禾，臧獲不能惡也。以一人力，則后稷不足；隨自然，則臧獲有餘。

故曰：「恃萬物之自然而不敢為也。」〔註11〕

如果不利用天地之間自然的物質，卻全靠一個人的力量來擔負；不依循自然發展的規律，卻全憑一個人的智慧來領導，這就和雕刻楮葉沒有什麼兩樣。在冬天種莊稼，即使是種田能手后稷，也不能使它豐收；在豐年種禾苗，即使是聽由愚拙的奴隸隨便耕種，也不會有壞收成。后稷即使再聰明，他的聰明才智畢竟有限；奴隸雖是愚拙，如果能善用憑藉，順隨自然的發展，也就能應付裕如。這就是《老子》六十四章所謂的：「要依靠自然的發展，不敢專靠人的作為。」

這段文字有個重點，那便是：道、法兩家一致對智巧的否定。儘管那個宋國人巧奪天工，技藝精湛，在道、法兩家看來，同樣是「無謂」、「無用」的行為。試想大自然化育萬物於無形，天生楮葉，何其美，何其多，人為的技藝美則美矣，畢竟是假的、虛的，也是少之又少的。《老子》說：「絕聖棄智，民利百倍，……絕巧棄利，盜賊無有。」（十九章）在至德之世，人人相愛，彼此節行端正，大家相忘於大道，也無所謂「仁」、「義」的標榜。等到樸散為器以後，人們有了是非取捨的觀念，於是賣弄聰明才智，由是非的辨明取捨，進而混淆是非，欺世盜名，鄭板橋所謂讀書人在鄉里「小頭銳面，更不可當」難怪要居四民之末了，由此可見，智慧的運用，竟是於民大不利了。同時，由於「人多伎巧，奇物滋起。」（五十七章）人們智巧的運用，便有所謂「難得之貨」，有難得的奇貨，便啟人欲利之心，因而有竊盜的行為，盜賊之多就要防不勝防了。照這樣說來，倘若人們沒有智巧，也就沒有機心，彼此便可以相安無事了。基於此，老子的為政之道，就主張不標榜「仁義聖智」，所謂「不尚賢，使民不爭」（三章），即是此意；也不看重巧藝，所謂「不貴難得之貨，使民不為盜；不見可欲，使民心不亂。」（三章）道理正相同。所以聖人為政，便是順其自然，歸於無為了。《列子・說符篇》引述同樣的故事，列子也作了結論：「聖人恃道化，而不恃智巧。」

《韓非子・揚搉篇》，有一句很接近道家的話：「聖人之道，去智與巧，智巧不去，難以為常。」他排斥聰明技巧，並非如道家歸於無為那般單純，

〔註11〕今本《老子》「恃」作「以輔」。劉師培云：「『恃』蓋『待』字之訛，義『輔』字為長。」

而是要人主掌握法術：運用形名參伍之術，循名責實，不表露個人的好惡，去除個人的私智私心，而秉奉公正的「法」。他的「去智與巧」有兩層意義：第一、人的智慧有限，國事繁多，全憑一個人的力量，顯然是不濟於事，所以主張「因物以治物……因人以知人。」(〈難三〉)「與其用一人，不如用一國。」(〈主道〉)要國君運用方術，督責臣子們分層負責。〈喻老〉本文說：「不隨道理之數，而學一人之智」也是雕刻一片楮葉的作法，正是韓非要用法，要「明君無為於上，群臣竦懼乎下」(〈主道〉)的理由。其次是私智沒有標準。他反對人治，推崇法治，一個重大的因由便是：人治所依憑的賢智事實上很難劃定標準，再說「誅賞予奪從君心出」(《慎子》佚文)，人君用人往往是「選其心之所謂賢者」(〈難三〉)，遠不如任用「法」來得固定可循。《韓非子》中經常以「智」和「法」對舉，以見「智」不如「法」之可行：

> 釋法而任心治，堯不能正一國。……使中主守法術，拙匠執規矩尺寸，則萬不失矣。君人者能去賢巧之所不能，守中拙之所萬不失，則人力盡而功名立。(〈用人〉)

> 道法萬全，智能多失。……釋規而任巧，釋法而任智，惑亂之道也。(〈飾邪〉)

智巧之事，理論深奧，百姓不易理解；既不能理解，崇尚智巧便難督責百姓去履行。法家主張為大多數人立法，法必須平易，易於理解，易於實行，標準一致，才容易收效。韓非反對德化政治，有一樣因素正是德化政治收效遠不如法治，他說：「為治者用眾而舍寡，故不務德而務法。」(〈顯學〉)他認為，普天之下，能行仁義的不過孔子一人，能信服仁義的不過孔門七十二賢徒，所以他希望能實現多數人能服行而又能普徧收效的「法治」，拋開少數人能服行又只能局部收效的「德化」。他的結論是「任數不任人」呀！所謂「道理之數」，縮小了範圍，正是韓非的「法」呢！

有了公平可循的「法」，倘若能再有相當的憑藉，治國便不成問題了。俗話說：「長袖善舞，多錢善賈」，有較多的憑藉就更能辦好事情，所以勤飭內政，推行法術，使自己的國家安定強盛，便是為自己儲備更多的物資；能夠「乘天地之資」，在豐年耕種，愚拙的奴隸也會有好收成，同樣的道理，如果有了長遠可靠的公平的「法」，又有「治強」的憑藉，中才之主治國也是不成問題的了。

所以，末段的結穴：「不乘天地之資而載一人之身，不隨道理之數而學一人之智，此皆一葉之行也。」弦外之音，很值得推敲。它由《老子》隨任自然，不尚智巧的意念，已發揮作法家因法治事，眾官分職「任數不任人」的主張。

第十章　無　為

天地無為無事，而宇宙萬物各盡其態，自然生成。聖人效法天道，運用於政事，便主張清靜無為，不多事不擾民，而人人各遂其意，自然安寧幸福。韓非拿道家無為的名目，卻運用為人君控馭臣子的無為密術：要天下大眾為其耳目，便可以不出戶牖而無所不知，無所不聞；不隨意顯露自己的好惡，避免臣子們利用來蒙蔽自己，自己能夠以靜觀動，明察群臣的長短善惡，而大事興革。於是以一制萬，以逸制勞，本身似「無為」而實無所不為。這種把道家哲理融入法家思想的君國治術，在實質上已不完全是《老子》原旨，韓非的〈喻老〉有幾個段落正可以看出這種跡象。

一、神不外淫

〈喻老〉第十七節說明一個人要是能專精思慮，不出門戶，也可以逆推天下萬物：

> 空竅者，神明之戶牖也〔註 1〕。耳目竭於聲色，精神竭於外貌，故中〔註 2〕無主。中無主，則禍福雖如丘山，無從識之。故曰：「不出於戶，可以知天下；不闚於牖，可以知天道。」〔註 3〕此言神明之不離其實〔註 4〕也。

人的耳、目、口、鼻等空竅，好像精神的門窗一樣。精神藉著耳、目向外洩馳。耳、目的力量要是全消耗在聲色的享樂上，精神要是全部消耗在外

〔註 1〕空竅，孔竅；神明，精神。《淮南子．精神訓》：「夫孔竅者，精神之戶牖也。」
〔註 2〕中，心中，通「衷」。
〔註 3〕今本《老子》無兩「於」字，亦無兩「可以」字。
〔註 4〕實，形骸，身體。

表容儀的修飾上，那麼內心就沒有了主宰。如此，禍福即使像丘山一樣堆在眼前也沒法識別。因此《老子》四十七章說：「不走出門，就可以知道天下的事物；不探望窗外，就可以明瞭自然的法則。」這是說精神不脫離身體的效驗啊！

本段重點在於強調精神不能脫離形骸。倘若竭耳目聲色之娛，血氣浮蕩，心神外馳，所見者淺，即使有極顯著的禍福，也辨識不出。《老子》十二章：「五色令人目盲；五音令人耳聾；五味令人口爽；馳騁畋獵，令人心發狂；難得之貨，令人行妨。是以聖人為腹不為目，故去彼取此。」便說明一個人目力、耳力、心力等用盡時必然產生種種病況，過分追求珍奇寶貨，也往往身敗名裂，因此聖人只求飽腹，不求感官的種種享受，無欲也就無憂呀！《韓非子・解老》卌七節曾解釋「善建不拔」、「善抱不脫」(《老子》五十四章)，便直認：聖人特異於常人，能立定行身的標準，不受外物的引誘；性情純一，不受可欲之物的影響，因而動搖心神。這類「少私寡欲」(十九章)的呼聲，可說是純道家言。

聖人的修為不同常人。聖人精神內斂，思慮專一，他能通萬人之情、萬物之理、萬事之則，鑑往古，知未來。怎麼說呢？天地萬物都出於「道」，「道」源於自然；萬物莫不有理，萬事莫不有則，這些原理原則皆出於自然，聖人通於大道，於是對天下萬物之理莫不通曉。聖人以自我之情，驗天下人之情，對天下之人也沒有不了解的。所以說他是「不出於戶，可以知天下。」其次，「天下同歸而殊途，一致而百慮。」(《周易・繫辭下》)，聖人能夠「執古之道，以御今之有」(《老子》十四章)，所以說他是「不闚於牖，可以知天道。」聖人之所以能如此，正是精神不外馳，專一精純之故。這大致也是《老子》的本義。

《荀子・不苟篇》也有一段近似的言論：

> 故千人萬人之情，一人之情是也。天地始者，今日是也。百王之道，後王是也。君子審後王之道，而論於百王之前，若端拜而議。推禮義之統，分是非之分，揔天下之要，治海內之眾，若使一人，故操彌約，而事彌大。五寸之矩，盡天下之方也。故君子不下室堂，而海內之情舉積此者，則操術然也。

清代王念孫讀到此段，認為：「君子不下室堂，而海內之情舉積此，猶《老子》言不出戶知天下也。」《荀子》也是據此類彼，以推衍方式論斷古今，所謂操術，其實還是把握原則，推己及人，推近及遠而已，這正是孔子所謂的「其或繼周者，雖百世可知也」(《論語・為政》) 的道理。

在文辭運用方面，《淮南子・精神訓》有幾個句子與〈喻老〉很相似：

> 夫孔竅者精神之戶牖也……耳目淫於聲色之樂，則五藏（臟）搖動而不定矣；……精神馳於外而不守，則禍福之至，雖如邱山，無由識之矣。……故曰：「其出彌遠者，其知彌少」，以言夫精神之不可使外淫也。

這種文句的近似，我們很難推斷是否直承自〈喻老〉。它所闡說的雖是《老子》同章的次句，主旨「言夫精神之不可使外淫也」卻正巧是〈喻老〉本節的命意，因而真可以參讀會觀。

《呂氏春秋・君守篇》，援引《老子》這幾句話說：

> 得道者必靜，靜者無知，知乃無知，可以言君道也。故曰：中欲不出謂之扃，外欲不入謂之閉，既扃而又閉，天之用密。有准（準）不以平，有繩不以正，天之大靜，既靜而又寧，可以為天下正。身以盛心，心以盛智，智乎深藏，而實莫得窺乎！鴻範曰：「惟天陰騭下民，陰之者，所以發之也。」故曰：「不出於戶而知天下；不窺於牖而知天道。其出彌遠者，其知彌少。」

它的議論，已經由本義略加擴展，發揮為人君「清靜為天下正」的道理；《淮南・主術篇》就更進一步引申，有法家思想的傾向：

> 君人者不下廟堂之上，而知四海之外者，因物以識物，因人以知人也。……人主深居隱處，以避燥溼，閨門重襲，以避姦賊，內不知閭里之情，外不知山澤之形，帷幕之外，目不能見十里之前，耳不能聞百步之外，天下之物，無不通者，其灌輸之者大而斟酌之者眾也。是故不出戶而知天下，不窺牖而知天道，乘眾人之智，則天下之不足有也。……人主者以天下之目視，以天下之耳聽，以天下之智慮，以天下之力爭，是故號令能下究，而臣情得上聞，百官脩同，群臣輻湊。

闡釋《老子》「不出戶而知天下，不窺牖而知天道」，已推述及必須藉資眾人的智慧，所謂「因物以識物，因人以知人」，正是韓非「夫物眾而智寡，寡不勝眾，故因物以治物。下眾而上寡，寡不勝眾，故因人以知人。」(〈難三〉) 的意思。所謂「人主者，以天下之目視，以天下之耳聽，以天下之智慮，以天下之力爭」，這已是法家融會道家哲理的「無為之術」，要以天下人為自己的耳目，要運用天下人的智慧力量去為自己謀慮、爭鬥，這正是《韓非子》「明君無為於上，群臣竦懼乎下」(〈主道〉) 的作法，是外表「無為」，暗中卻運用督責密術，讓天下人為他「工作」，為他竭智勞慮，而他安享成名，是一種相當高明的政治手腕了。《韓非子》說：「人主以一國目視，故視莫明焉；以一國耳聽，故聽莫聰焉。」因為人君以天下人做他的耳目，所以他看的聽的都最靈敏，最完密，基於此，他主張獎勵告姦謁過，所以批評申不害「治不踰官，雖知弗言」是未盡於術（詳〈定法篇〉)。《淮南子・主術篇》的議論與韓非的主張若合符節，它雖出於《老子》，已經是法家思想，而非道家面目了。

二、專精致慮

〈喻老〉第十八節舉了趙襄子向王良學駕馬車的故事：

> 趙襄主學御於王於期〔註 5〕，俄而與於期逐，三易馬而三後。襄王〔主〕曰：「子之教我御，術未盡也？」對曰：「術已盡，用之則過也。凡御之所貴：馬體安於車，人心調於馬，而後可以追速〔註6〕致遠。今君後則欲逮臣，先則恐逮於臣。夫誘道〔註 7〕爭遠，非先則後也；而先後心在于臣，上（尚）何以調于馬？此君之所以後也。」

趙襄子跟有名駕車好手王良學駕馬車，不久就和王良賽車，他和王良換了好幾次馬，結果還是落後了。他懷疑王良留了一手，說：「你教我駕馬車，是不是訣竅沒有完全點破？」王良回答他說：「所有的技巧、訣竅都已教給您了，只是您運用技巧有錯誤。大凡駕車子，最難得的是：馬體要能和車子配合得妥貼安適，人心和馬又須協調，步驟一致，然後才能跑得快，達得遠。現在您落後了就急著想要趕上我，領先了就又擔心被我趕上。賽車只有兩種狀況：不是領先，便是落後；可是您駕起馬車來，不論領先也好，落後也好，您的心都在我的身上，這那還能談得上和馬協調呢？這就是您落敗的原因啊！」

一般《韓非子》選本，這條都單獨自成段落，但卻有一個疑點，它的文

〔註 5〕趙襄主，即趙襄子。古大夫之家，家臣稱卿大夫為主，所以又稱趙襄主，或訛為襄王。王於期，即古之善御者王良。「於」原作「子」，從劉師培說校改。

〔註 6〕「追速」，原作「進速」，從松皐圓《纂聞》說校改。

〔註 7〕誘，進也。梁啟雄《淺解》：「誘道，似謂競爭著來賽馬車。」

末不像其他各節，援引《老子》文句作結論。比較簡單的揣測是：可能古代的人傳寫脫漏。不過，看〈喻老〉前後的引文，同出《老子》四十七章，倒是很完整，那麼又有兩個可能，一是可能為前節的尾段，一是可能為後節的首段。清代王先慎《韓非子集解》便斷定「當連下為一條」，《四部叢刊》本正是與「白公勝慮亂」相接，直至「不為而成」。如此，似乎當與下節合併，不必疑慮了。

細玩本段的立意，在藉趙襄子向王良學駕車的事，發揮專精致慮的重要，趙襄子之所以落敗，正是分心，不能使車馬安順，人心與馬未能協調。也就是精神外淫，正是前節所謂「中無主」、「神明離實」的註腳。問題是它中間隔了《老子》四十七章起頭四句，便又不銜接，可惜沒有足夠的資料，能證明它有誤簡的情形。若將本段與白公勝慮亂，因為專精致慮以致忘去眼前的苦楚相接，立意上也並不銜貫。也許正因為〈喻老〉本身文字有這些缺點，前人斷章句，便單獨給它自成段落了。由於前節不曾舉事例為證，本段又可以作為前節的註腳，筆者愚意，兩段宜合併作一段看。

《淮南子・覽冥訓》有一段論述善御者善御的道理：

> 昔者王良、造父之御也，上車攝轡，馬為整齊而斂諧，投足調均，勞逸若一，心怡氣和，體便輕畢，安勞樂進，馳鶩若滅，左右若鞭，周旋若環，世皆以為巧，然未見其貴者也。若夫鉗且、大丙之御，除轡銜，去鞭棄策，車莫動而自舉，馬莫使而自走也，日行月動，星耀而玄運，電奔而鬼騰，進退屈伸，不見朕垠，故不招指，不咄叱，過歸鴈於碣石，軼鶤雞於姑餘，騁若飛，鶩若絕，縱矢躡風，追猋歸忽，朝發榑桑，入日落棠，此假弗用而能以成其用者也，非慮思之察，手爪之巧也，嗜欲形於胸中，而精神踰於六馬，此以弗御御之者也。〔註 8〕

在文意上，《淮南子》標榜的是道家「無」的作用，超越形式，與道合德，所以說是「假弗用而以成其用」；至於王良、造父等的巧御，雖是能使馬匹斂諧調均，樂進安勞，盡如人意，卻僅是「慮思之察，手爪之巧」，是有形式可循的技藝而已。韓非子的〈喻老〉，以王良教御說明專精致慮的重要，取具體可循的規範，而不侈談形上抽象的哲理，仍可看出法家實用的精神來。

〔註 8〕劉文典《集解》云：「畢，疾也。滅，沒也，言疾也。」「入日」原作「日入」，從王念孫校改。

三、因資立功

〈喻老〉第十九節，藉白公慮亂的故事，來說明《老子》「不行而知」、「不見而明」、「不為而成」的道理：

> 白公勝慮亂，罷朝，倒杖策，而銳貫頓（頤）〔註 9〕，血流至于地而不知。鄭人聞之曰：「頓（頤）之〔註 10〕忘，將何不〔註 11〕忘哉！」故曰：「其出彌遠者，其智（知）彌少。」〔註 12〕此言智周乎遠，則所遺在近也。是以聖人無常行也。能並智（知），故曰：「不行而知」；能並視，故曰：「不見而明。」〔註 13〕隨時以舉事，因資而立功，用萬物之能而獲利其上，故曰：「不為而成」。

白公勝因為自己的父親楚太子建逃亡在鄭，被鄭人所殺，心中懷怨，幾次向令尹子西請兵伐鄭，子西口頭應允，並未發兵。楚惠王八年，晉伐鄭，鄭向楚求援，子西受命去援助鄭國，接受了鄭人的財貨，白公勝大怒，一心計謀要作亂。一日早朝回來，把馬鞭倒過來拄著地，鞭子尖端的針刺穿了下巴，血流到地上都沒有察覺。鄭國人聽到這件事就說：「下巴刺傷了流血了都忘懷了，還有什麼事不能忘懷的？」所以《老子》四十七章說：「其出彌遠者，其知彌少。」這是說智慮運想的遠，那麼就要遺忽一些切近的事。所以聖人沒有固定不變的行為，一切都能知道，因此說：「不行而知。」一切都能看見，因此說：「不見而明。」隨時把握契機來發動工作，因依著已有的憑藉來建立功業，利用萬物的資能在事業上得利，所以說：「不為而成。」

「白公慮亂」的故事，又見於《左傳》哀公十六年、《史記・楚世家》、《淮南子・說山訓》及〈道應訓〉、《列子・說符篇》。

《老子》原文，本是指聖人的心靈澄澈寧靜，洞見古今是非之理，執一以御萬，只要反求諸己，內省觀察，便可以「得物之致，識物之宗，明物之性」（王弼《老子注》）。於是不出大門，可以知道天下，也就是「不行而知」；不窺探窗外，可以明白自然的法則，也就是「不見而明」；能輔助萬物，讓萬物順性自然發展，所以說：「不為而成」。倘若未能領悟其所以然之理，以至

〔註 9〕策而，各舊本作「而策」，據高亨《韓非子補箋》校改。

〔註 10〕之，且也。詳見裴學海《虛字集釋》。

〔註 11〕何不，各舊本作「何為」，依王先慎《集解》徵《淮南子》、《列子》改。

〔註 12〕《老子》無「者」字，「智」作「知」。「少」，傅本作「尠」，意同。與「遠」古同為元部押韻，較佳。

〔註 13〕「明」，《老子》有作「名」者，古通。

於「道在邇而求諸遠」，思慮偏差，便與大道相背而馳，歧路亡羊，多方喪道，會漸行漸遠，所知越少了。

〈喻老〉本段藉白公勝專精慮亂遺忽切身的痛楚，來解釋《老子》「其出彌遠，其知彌少。」顯然義出引申：而認為人的計慮要是推想得深遠，對於切近的事多少就要遺忽了，既是如此，聖人便應事制宜，沒有固定不變的行徑，作者就突破了「執著」的觀點，勉強拿法家的思想加以銜接。這個「聖人無常行」的論斷，已在〈喻老〉十六節出現過，以韓非思想而言，是歷史進化觀的發揮，不待贅述。至於說：「能並知」、「能並視」，語雖含混；他解「不為而成」，要隨時觀察時勢，把握契機而行事，是「世異則事異，事異則備變」(〈五蠹〉)的歷史進化觀，是積極而「有為」的主張。要善用已有的憑藉去建立事功，要利用萬物的資能而從中謀利，是但求「有功」一心「圖利」的觀點，它已是法家善因託、有步驟、以求萬全策謀的作法，絕非《老子》「無為」、「無功」、「輕利」的本意了。

基於〈喻老〉「不為而成」明顯的闡釋，「能並知」、「能並視」二語很可以解為：「要匯集眾人的智慧，作為自己的智慮；要使天下人都做他的眼線，為他刺探消息〔註 14〕」。它純粹是政治領袖知人善任，酌採眾言的理論，也是韓非由於「力不敵眾，智不盡物」(〈主道〉)而主張「因物以治物，因人以知人」(〈難三〉)的徹底映現。它是一套人君統御臣子的密術。所以〈喻老〉這段文字是韓非假借老子清靜無為的名義，揚棄「以輔萬物之自然而不敢為」(《老子》六十四章)的謙退、自我卑損，而發揮為最高控制干涉的手段；它已融合了韓非歷史進化觀與無為密術。

四、掩情匿端

韓非說：「法莫如顯，而術不欲見。」(〈難三〉)法是臣民所師法的，必須三令五申，明文規定，才能知所趨避，因此越明顯越好；術是君主暗中運用來控制臣子的，不願意讓臣子捉摸臆測，因而越隱密越好。基於此，韓非的人主統御術，有一部分便講究做國君的不宜輕易顯露個人的好惡，以免臣子們掩飾真情，阿諛討好，而擾亂了國君的判斷，影響賞罰的嚴明公正，〈二柄篇〉說：

> 人主好賢，則群臣飾行以要君欲，則是群臣之情不效；群臣之情不

〔註 14〕王煥鑣《韓非子選》：「能並智，能集眾人的聰明智慧以為自己的聰明智慧。」

效，則人主無以異其臣矣。故越王好勇而民多輕死，楚靈王好細腰而國中多餓人，齊桓公妬而好內，故豎刁自宮以治內。桓公好味，易牙蒸其首子而進之；燕子噲好賢，故子之明不受國。故君見（現）惡，則群臣匿端；君見（現）好，則群臣誣能；人主見（現）欲，則群臣之情態得其資矣。

人君顯露好惡，一旦被臣子利用，不僅影響賞罰，嚴重的還可能身亡國滅。韓非說：

故子之託於賢以奪其君者也，豎刁、易牙因君之欲以侵其君者也。其卒，子噲以亂死，桓公蟲流出戶而不葬。此其故何也？人君以情借臣之患也。（〈二柄〉）

於是，《韓非子》得到了結論是：做君主的必須掩情匿端，才能避免人臣窺伺。〈喻老〉第二十節，正是借楚莊王隱藏私人的好惡，藉機觀察臣子，因而能大事興革，成為一代霸主的故事，來說明人主的無為密術：

楚莊王莅政三年，無令發，無政為也。右司馬御座〔註15〕而與王隱曰：「有鳥止南方之阜，三年不翅、不飛、不鳴，嘿（默）然無聲，此為何名？」王曰：「三年不翅，將以長羽翼〔註16〕；不飛不鳴，將以觀民則。雖無飛，飛必冲天；雖無鳴，鳴必驚人。子釋之，不穀知之矣。」處半年，乃自聽政，所廢者十，所起者九，誅大臣五，舉處士六，而邦大治。舉兵誅齊，敗之徐州〔註17〕，勝晉於河雍，合諸侯於宋，遂霸天下。莊王不為小害善，故有大名；不蚤（早）見（現）示，故有大功。故曰：「大器晚成，大音希聲。」

楚莊王臨政三年，沒有發布過一條命令，沒有辦過一件政事，掌軍政的右司馬侍候楚莊王，便和他打謎語，說：「有隻鳥棲止在南方一個土丘上，三年不展翅，也不飛，也不叫，默默沒有聲息，這是什麼鳥？」楚莊王說：「三年不展翅，是要等待翅膀上的羽毛長豐滿了；不飛不叫，是要觀察臣民的態度。牠雖然不飛，一旦飛了必定冲上天空；牠雖然不叫，一旦叫了必定駭人聽聞。」過了半年，楚莊王自己聽政，廢除了十樣事情，舉辦了九項措施，殺了五個大臣，選拔了六個處士，國家大為治平。他舉兵討伐齊國，在徐州

〔註15〕《小爾雅．廣言》：「御，侍也。」

〔註16〕長羽翼，「長」上舊本有「觀」字，涉下文「觀民則」而衍，《呂氏春秋．重言篇》亦無，據刪。

〔註17〕《史記．六國表》及《楚世家》，皆以圍齊於徐州為威王事，蓋韓非誤引。

把齊軍擊敗了；他又在河雍戰勝了晉國，在宋國會合了諸侯，於是稱霸天下。莊王不因小失大，所以能成就大名聲；不曾早早顯露自己的意圖，所以能成就大功績。所以《老子》四十一章說：「重大的器物不能很快製成，宏大的聲音不能經常發作。」

楚莊王一鳴驚人的故事，各家傳說不一，《楚世家》以為伍舉諫楚莊王，《呂覽・重言篇》作成公賈諫楚莊王，《新序・雜事》二作士慶諫，《史記・滑稽列傳》則以為淳于髡說齊威王。明代徐孚遠曾有過幾句精當的評論：「楚莊、齊威皆有雄略，故先縱樂以觀群臣，大鳥之喻，為得其情也。」故事中的主角，姑不論是楚莊王或是齊威王，都是法家稱頌的雄才大略的君王，絕非道家小國寡民、與民同歸於樸、清靜無為的國君，這一點是可以肯定的。楚莊王在位二十三年，滅庸（三年）、伐宋（六年）、伐陸渾戎與問鼎東周（八年）、滅舒（十三年）、伐陳（十六年）、圍鄭（十七年）、圍宋（二十年），可說是聲威遠播，〈喻老〉以他為主角，站在法家的立場看，也算是選上一位值得稱揚的霸主典範了。

《老子》四十一章所謂「大器晚成，大音希聲」，原是由於大道至廣至大，無所不包，兼容並蓄，「道體似無而有，似有還無」〔註 18〕，「道之實蓋隱於無」〔註 19〕，老子透過靈澈的觀察，認定道體的實質往往異於常情，出乎常理，也就是說「名與實常若相反」〔註 20〕，所以說：

> 明道若昧，進道若退，夷道若纇〔註 21〕，上德若谷，大白若辱，廣德若不足，建德若偷〔註 22〕，質真若渝。大方無隅，大器晚成，大音希聲，大象無形。道隱無名。夫唯道，善貸且成。（四十一章）

一連十二個句子全是以相反相對的詞彙來形容道體的表裡兩面。「大音希聲」事實上與「聽之不聞名曰希」（十四章）意義相同。「希」字該當作「無」字看〔註 23〕，才能切中《老子》玄妙之旨。同樣的，「大器晚成」，如果採取陳柱的解說，把「晚成」看作「免成」之誤；就道體名實似反的情形來說，「免成」引申作「無成」，更能與上下文義貫串。不過，根據《韓非子・喻老》引

〔註 18〕王協《老子研究》語。
〔註 19〕《老子本義》引呂惠卿語。
〔註 20〕《老子本義》引呂惠卿語。
〔註 21〕纇，不平；夷，平也。
〔註 22〕建，通「健」。剛健之德似怠惰。
〔註 23〕見張默生《老子章句新解》。

文釋義細加揣摩，它用「不蚤（早）見（現）示」來解釋「大器晚成」，以「早」、「晚」二詞相對，可見〈喻老〉作者所據的《老子》本子仍是「晚成」二字。陳柱於《老子韓氏說》曾有這麼幾句論斷：

> 「大器晚成」，「晚」猶「免」也，「免成」猶「無成」也。……「大音希聲」，猶云「大音無聲」也。……然據韓非所引，則「晚」與「希」之訓「無」，韓非已不能知之，亦其學術之宗旨本尚功利故也。

說明韓非因為崇尚功利的緣故，〈喻老〉所言，已不是《老子》的本義，確是卓見。我們很難肯定，韓非是故意借法喻老，就字面附會；還是真如陳氏所說是不諳訓詁？但〈喻老〉的立意是法家思想卻是不必置疑了。

《後漢書．郎顗傳》記載，郎顗薦議朝廷復用黃瓊，說：

> 臣伏見光祿大夫江夏黃瓊，耽道樂術，清亮自然，被褐懷寶，含味經籍，又果於從政，明達變復。朝廷前加優寵，賓于上位。瓊入朝日淺，謀謨未就，因以喪病，致命遂志。《老子》曰：「大音希聲，大器晚成。」善人為國，三年乃立。天下莫不嘉朝廷有此良人，而復怪其不時還任。陛下宜加隆崇之恩，極養賢之禮，徵反京師，以慰天下。

傳引《老子》這兩句話，以「善人為國，三年乃立」作結，可說是〈喻老〉政治理論的應和；而注文所謂：「聲震宇內，謂之大音；其動有時，故希聲也。無所不容，謂之大器，其功既博，故晚成也。」取義也和〈喻老〉若合符節。姑不論它與〈喻老〉的文字是否直接的承襲，〈喻老〉這種將《老子》文句發揮為實際政治理論的設喻，無疑是相當易於被人接受的。我們也可以說：明人王道《老子億》所謂「晚成，不亟小用也；希聲，不期小聞也。」也已經超出《老子》的本意，引申發揮，加入了主觀和意欲的成分！

〈喻老〉這段文字援引《老子》用來影射：做國君的人要想成就大事，必須能深沈靜默，多加觀察。他不輕易表露個人的好惡愛憎，讓臣子無從揣摩他的心理，而他卻能洞見臣下的隱情，再綜合自己靜默觀察所得，便可以雷厲風行，有一番大革新。這很明顯是老學的運用，是韓非以法家的姿態現身說法，因為這套人君「無為密術」正是韓非學術思想的重要一環呢！

第十一章　儉　欲

河上公註《老子》四十六章，標題為「儉欲」，本章所選〈喻老〉起首五節全引自《老子》四十六章，立意也重在汰減欲望，所以也就襲用這個名詞。

《老子》一書文詞精潔，微妙難識，極須解析、譬喻，也容易附會新義。《韓非子》中收有〈解老〉、〈喻老〉，兩篇立意不同，性質殊異。本章所選各節，除末節以外，都在兩篇重複出現，兩相比較，可以看出：〈解老〉重在解析老子，往往運用層遞手法，鋪論其因果關係，大致是醇乎醇的道家言。〈喻老〉偏在借譬老子，偶然還有超乎老子原意的別解，兼融了道、法兩家思想。兩篇著墨迴異。

一、非戰厭兵

〈喻老〉首節，說明「卻走馬以糞」及「戎馬生於郊」，一半用推論的方式，一半用描繪的手法：

> 天下有道，無急患，則〔註1〕遽傳不用，故曰：「卻走馬以糞。」天下無道，攻擊不休，相守數年不已，甲冑生蟣蝨，燕雀處帷幄，而兵不歸，故曰：「戎馬生於郊。」〔註2〕

天下太平的時候，沒有緊急的禍患，接力快馬車不使用，所以《老子》四十六章說：「馬不用奔走馳逐，改用來運輸肥料，在田地上施肥。」天下混

〔註 1〕「則」下原有「曰靜」二字。太田方《翼毳》曰：「『曰靜』二字衍，與下文『不離位曰靜』相涉而錯出。」據刪。

〔註 2〕郊，城郊；吳澄曰：「郊者，二國相交之境也。」皆指戰地而言。

亂不安的時候，國與國互相攻擊，不肯罷休，兩軍相持數年，爭戰不停。戰士們的鎧甲和頭盔，由於長年不離身，都長滿了蝨子蝨卵；由於軍隊相持久戰，燕子麻雀都在行軍的帳幕上做巢，兵士們都回不了家，所以《老子》說：「所有的馬都用來作戰，母馬都得在戰場上生產。」

馬原有許多用途，因為太平無事，都把馬匹交還農夫去耕田。其所以能如此，自然有種種因素，〈喻老〉本段文字，直截了當，徑解為：沒有緊急的禍患，傳遞緊急信件的接力快馬車不使用，便完全用來耕田，它並不曾細加分析，也不曾表示主觀的論斷。《韓非子・解老篇》第廿二節也有一段解釋「卻走馬以糞」的文字：

> 有道之君，外無怨讎於鄰敵，而內有德澤於人民。夫外無怨讎於鄰敵者，其遇諸侯也有禮義〔註 3〕。內有德澤於人民者，其治人事也務本〔註 4〕。遇諸侯有禮義則役希起，治民事務本則淫奢止。凡馬之所以大用者，外供甲兵，而內給淫奢也。今有道之君，外希用甲兵，而內禁淫奢。上下事馬於戰鬥逐北，而民不以馬遠通淫物〔註 5〕，所積力唯田疇，積力於田疇〔註 6〕必且糞灌。故曰：「天下有道，卻走馬以糞也。」

它的文句，層層遞進，剖析闡釋，可說是詳盡了。作者分析馬匹的用途，對外可以供給戰車軍馬之用，對內可以用來運輸奢侈物品，這遠比〈喻老〉所敘賅括周徧。認為有道之君能講究禮義，對內德愛百姓，禁絕不必要的奢侈享樂；對外與鄰國敦睦邦交，不樹敵結怨，因而不事征戰。馬匹既不用來作戰，也不用來運載奇貨，自然而然全交給農夫去耕田施肥了。這正是聖人在位，清靜無為，知足知止，能以至德化下的效驗。這種講禮義、務德愛、非戰攻的理論，是純道家的口吻。可見〈解老〉重在闡發《老子》哲學，所以能醇乎醇，不離《老子》的本義。

獎勵百姓，事農務本，原是諸子治國的共同方策。「務本、戒奢」可說是道、法兩家相同的主張。法家競事富強，以求能霸諸侯，超五帝、侔三王，

〔註 3〕「有」上原有「外」字，涉上文「外無怨讎」而衍。從顧廣圻《識誤》說刪。
〔註 4〕務本，指務農事。王先慎曰：「『人』字當作『民』，下文『治民事務本』即承此而言。」按：「民」、「人」意同，作「人」者，當係避唐諱而未改正者。
〔註 5〕「通淫」，原作「淫通」，從王先慎《集解》說改。通，運也。淫，指上「淫奢」之物。
〔註 6〕「積力於田疇」五字，依顧廣圻《識誤》說，據藏本增。

對內持法，不談德化；對外尚力，不講禮義。雖務本重農，卻是兵農並重，富強兼顧；雖戒淫奢，外末作（輕視工商），實行抑商政策〔註 7〕，但戰馬奔馳，勢所難免。因此這段文字是近於道家言，說什麼也不能附會為法家理論的。

《老子》因為守柔，所以不爭，不爭必然非戰。〈解老〉「上不事馬於戰鬥逐北」以及「外無怨讎於鄰敵者，其遇諸侯也有禮義」，便有息爭、非戰之意。法家雖然也領略《老子》守柔、謙退的道理，卻是崇尚功利，以柔制剛，以退為進，尚智用術；與《老子》尚自然、棄智忘術，息爭非戰大異其趣〔註 8〕。倘若以〈解老〉、〈喻老〉相較，〈喻老〉著眼只在「急患」與「遽傳」的使用，雖然形跡不明顯，卻較重視「爭戰」，它便不能算是純粹道家的言論了。

至於「戎馬生於郊」，〈解老篇〉第廿三節也有詳盡的解析：

> 人君無道，則內暴虐其民而外侵欺其鄰國。內暴虐則民產絕；外侵欺則兵數起。民產絕則畜生少，兵數起則士卒盡。畜生少則戎馬乏，士卒盡則軍危殆。戎馬乏則牸馬出〔註9〕，軍危殆則近臣役。馬者，軍之大用；郊者，言其近也。今所以給軍之（者）〔註10〕，具於牸馬近臣，故曰：「天下無道，戎馬生於郊矣。」

它也和前一節一樣，使用層層遞進的文句。國君無道，對內暴虐百姓，對外侵欺鄰國，以至於人民生產斷絕，屢屢掀起戰爭，終究畜牲少，士卒犧牲殆盡。戰馬缺乏了，只好趕著懷孕的牝馬出陣。軍隊有危險，連君主左右護衛的近臣也參加了戰役。分兩部門推述，因「戎馬生於郊」，連帶敘述近臣參戰，抨擊當時侵略者的好戰、損人害己，反戰的思想盡在不言中。〈喻老〉文字則偏重在兩軍相持，久戰鏖兵，用「甲冑生蟣蝨，燕雀處帷幄」的事實，影射出兵之久，馬匹不敷使用，以至於牝馬也被徵調，在軍中生長、交配、

〔註 7〕《韓非子》曰：

是故無事則國富，有事則兵強，此之謂王資。既畜王資，而承敵國之釁（釁），超五帝、侔三王者，必此法也。（〈五蠹〉）

上古競於道德，中世逐於智謀，當今爭於氣力。（〈五蠹〉）

夫明王治國之政，使其商工游食之民少而名卑，以趣本務而外末作。（〈五蠹〉）

〔註 8〕說本王協《老子研究》。

〔註 9〕「牸」，原作「將」，從顧廣圻說改。牸者，牝馬之乳子者，即懷孕之母馬也。

〔註10〕「之」，《纂聞》云：「宜作者。」按：「之」猶「者」也，詳裴學海《虛字集釋》，可以不改。

懷孕而生子，寥寥數語，寫盡戰爭的殘酷，文筆的犀利簡潔又在〈解老〉之上。

就有關「戎馬生於郊」這件事的解釋，〈解老〉與〈喻老〉著墨不同。〈解老〉說：「郊者，言其近也。」它的立意顯然和許多註家採用的吳澄之說：「兩國相交之境」不同，而是指京城近郊。人君無道，輕啟戰端，既「以兵強天下」，那麼「物壯則老」（皆見《老子》卅章），不合於自然之道，終歸要自取敗亡。懷孕的母馬在京城近郊生產，含義有二：第一、馬匹少極，即將生產的母馬也不免被徵調。第二、戰事危極，近郊便有激烈的戰事。〈喻老〉則借事喻意，全由軍隊著眼，兩軍僵持久戰，數年不休，甲冑積日累月地穿在身上，以至於長了蝨子；帳蓬搭設已久，以至於燕雀在上頭做巢。由於久戰之故，戰馬缺乏，行將生產的母馬，也不得不趕著去作戰，以至於在戰地生產。另有一層意義，也可指牝馬參戰已久，在戰地交配、生產。〈解老〉著重在事實因果的剖析，是有條理的敘述；〈喻老〉著眼在事例的描繪，是令人難忘的速寫。就思想表現而言，二者立意相同，都是道家非戰思想的反映。《老子》說：「夫佳兵者，不祥之器，物（意即指人）或惡之，故有道者不處。」（卅一章）又說：「師之所處，荊棘生焉，大軍之後，必有凶年。」（卅章）極言戰爭的凶禍，可見有道之君息爭非戰，正是為了避免招來凶災人禍呢！

法家獎勵耕戰，以事富強，韓非該是主戰的。對於軍士，他鼓勵有進無退，勇於公戰，不避危勞的奮鬥精神；對於人主忽略軍士們「戰危勞」的苦績，重視儒者好言談的「無用之學」，他一再表示抗議，像〈解老〉、〈喻老〉所述的厭戰思想，必不能為他所容；因此它們只是稱述老學，絕非法家的理論。

二、罪莫大於可欲

〈喻老〉第二節，舉史蹟說明擁有令人冀欲之物便足以招惹禍患，立意與《老子》原旨有些不同。〈喻老〉說：

> 翟（狄）人有獻豐狐玄豹之皮於晉文公，文公受客皮而歎曰：「此以皮之美自為罪。」夫治國者以名號為罪，徐偃王〔註11〕是也。以城

〔註11〕徐偃王事見《韓非子・五蠹篇》、《淮南子・氾論訓》、〈人間訓〉、《論衡・非韓篇》、《後漢書・東夷傳》及《荀子》注、《水經注》。

與地為罪，虞、虢〔註12〕是也。故曰：「罪莫大於可欲。」〔註13〕

有個狄人獻大狐狸和黑豹子的皮給晉文公，晉文公收了禮，感慨的說：「這狐狸和豹子是因為皮太好，自己招惹了禍患。」有國的君主，因為名號招禍的是徐偃王；因為城池與土地招禍的是虞國和虢國。所以《老子》說：「禍害沒有比擁有令人可以冀欲的東西更大的了。」

《左傳》襄公四年：「無終（山戎，戎之魁首）子嘉父使孟樂如晉，因魏莊子納虎豹之皮。」事在晉悼公四年。這裏說是文公，可能傳聞有異。大狐黑豹（或者如《莊子》所云「文豹」）是戎人常有的獵獲物，拿來餽贈他人，也是戎人普通表示敬意的方式，二事或者不同。晉文公的感歎卻是屬於道家思想的深刻感慨。《莊子・山木篇》說：

> 夫豐狐文豹棲於山林，伏於巖穴，靜也；夜行晝居，戒也；雖飢渴隱約，猶且胥疏於江湖之上而求食焉，定也；然且不免於罔（網）羅機辟之患，是何罪之有哉，其皮為之災也。

大狐狸花豹子就因為皮好，人們才打牠們的主意，設陷阱去捕捉牠們，牠們雖然無辜，可惜皮毛給自己帶來了禍害，晉文公的話含義正同。《老子》倡導弱道哲學，要人守柔、謙退，便是詳觀宇宙萬象，有鑑於「木強則兵（折）」（七十六章）、「物壯則老」（卅章），才勸人要潛沈內涵，不要炫耀外露。

《韓非子・五蠹篇》談到徐偃王的事：

> 徐偃王處東漢，地方五百里，行仁義，割地而朝者三十有六國；荊文王〔註14〕恐其害己也，舉兵伐徐，遂滅之。

認為徐偃王倡行仁義，未得其宜。因為當時已是崇尚武力的時代，比不得遠古，可以全憑德化，偃王竟然是徒用仁義，不知鬥狠用力，雖然歸德的有三十六國，終究也只有任憑時代的潮流沖激而歸於沒頂了。韓非拿他的亡國事例，來辯明「當今爭於氣力」的歷史進化觀。《淮南子・人間訓》也列舉徐偃王的故事，說：

> 昔徐偃王好行仁義，陸地之朝者三十二國。王孫厲謂楚莊王曰：「王不伐徐，必反朝徐。」王曰：「偃王，有道之君也，好行仁義，不可伐。」王孫厲曰：「臣聞之，大之與小，強之與弱，猶石之投卵，虎

〔註12〕事見《左傳》僖公二、五年傳。

〔註13〕罪，即賅括「禍、咎」而言。引文今本《老子》無，河上公本有。

〔註14〕徐偃王當周穆王時，遠在楚文王前，蓋傳聞有異。

之啗豚，又何疑焉？且夫為文而不能達其德，為武而不能任其力，亂莫大焉。」楚王曰：「善。」乃舉兵而伐徐，遂滅之。此知仁義而不知世變者也。

姑不論楚莊王的時代問題，王孫厲的主張完全是韓非法家的看法，而《淮南子》的結論：「知仁義而不知世變者也」（〈氾論訓〉也說：「徐偃王知仁義而不知時。」），正好與〈五蠹〉論點相符，是進化歷史觀。至於〈喻老〉本文所謂「以名號為罪」，則係指偃王治國以仁義著聞，曾經得到朱弓朱矢，自認為得了天瑞，於是稱王；周穆王命楚伐之，偃王愛民，不忍鬥爭，終於被楚擊敗〔註15〕。著眼點便與〈五蠹篇〉不同，以為偃王之敗，在於「稱王」，因此招惹亡國之禍，立意偏向於道家的成分居多。若就其滅亡的因素分析：「行仁義」與「不鬥」都是未能應時制宜，泥古不化。那麼它本身又含有幾分法家的主張在內。

晉獻公用寶馬寶玉向虞國借路攻打虢國，宮之奇雖然拿「唇亡齒寒」的道理加以諫勸，虞君還是答應了。三年之後，晉國再度借路，滅了虢國，回過頭來把虞國也滅了，俘虜了虞公。這件事，先不論虞君本人的心理，單就「城」與「地」來說：虞、虢兩國遠比晉國弱小，由於地接強鄰，若不能奮發圖強，國力薄弱，必然被人輕視，容易引起強國的覬覦，那麼所有城池土地，不但不能自己保有，反而成為加速亡國的禍端。第一次世界大戰以後，我國東三省因為資源饒富，為日人所覬覦，一再藉故尋釁，而導引了八年抗戰；普法戰爭的起因也是由於普魯士垂涎法國亞爾薩斯和洛林煤鐵資源之富。東三省接近日本，亞、洛兩省接近普魯士，因而格外逗引強國的侵略野心。但是，如果當年我國不是由於軍閥長年割據，削弱國力，蕞爾小國的日本怎敢得寸進尺，長驅直入？倘若十九世紀的法國不是積弱不振，普魯士人又怎能穩操勝算？所以〈喻老〉這個事例，一則符合《老子》「不炫示」的戒言；一則也深合韓非子個人的主張，他在〈十過篇〉便曾援引同樣的故事做君王們的警戒。依照《韓非子》的論說，治國者該勤飭內政，勵行法治，力圖富強，然後有所憑藉，使強敵不敢騷擾，才是「必不亡之術」〔註16〕。

〔註15〕說本《水經注》。

〔註16〕〈五蠹篇〉云：「治強不可責於外，內政之有也。……使周、衛緩其從衡之計，而嚴其境內之治，明其法禁，必其賞罰，盡其地力，以多其積；致其民死，以堅其城守，天下得其地則其利少，攻其國則其傷大，萬乘之國莫敢自頓於堅城之下，而使強敵裁其弊也。此必不亡之術也。」

劉向《新序・善謀篇》，在敘述虞、虢相繼滅亡的史實之後，批評說：「晉獻公用荀息之謀而禽（擒）虞，虞不用宮之奇謀而亡。故荀息非霸王之佐，戰國兼併之臣也。若宮之奇，則可謂忠臣之謀也。」不但不讚許荀息的善謀，反而指斥他是戰國兼併之臣。晉獻公晚年寵幸驪姬，弄得世子申生自縊，公子重耳及夷吾流亡在外，就在獻公滅了虞、虢後廿三年，他的兒子晉文公重耳在城濮戰勝了楚國，於是作王宮於踐土，率諸侯朝王，登上了春秋霸主的第二席位。倘若荀息能輔佐晉獻公，如齊桓公一樣救亡圖存，不唆使他兼併小國，晉國稱霸說不定要早上廿年。劉向譏刺荀息，可說是感慨良深。春秋時代，列國爭奪還沒有到水火不容、兵刃相見的地步，虞、虢兩國無辜被滅，遠在競進無厭的戰國時代之前，對當時的晉國益處並不大，荀息是不能辭其咎的。當然，劉向這種議論已是後世通儒的看法，與〈喻老〉的立意無關。

《韓非子・解老篇》第廿四節也有一段關於「禍莫大於可欲」的闡釋：

> 人有欲則計會亂，計會亂而有欲甚，有欲甚則邪心勝，邪心勝則事徑絕，事徑絕則禍難生。由是觀之，禍難生於邪心，邪心誘於可欲。可欲之類，進則教良民為姦，退則令善人有禍。姦起則上侵弱君，禍至則民人多傷。然則可欲之類，上侵弱君而下傷人民。夫上侵弱君而下傷人民者，大罪也。故曰：「禍莫大於可欲。」〔註17〕是以聖人不引於〔註18〕五色，不淫於聲樂；明君賤玩好而去淫麗。

在修辭學上來說，這是層遞格，和前兩節一樣，文字層層遞進。一個人有了嗜欲就會思慮紊亂，這樣想要，那樣也想要，欲望就要多了，於是邪心猖狂起來，做事不仔細考慮就徑行決斷，因而災禍就產生了。照這樣分析起來，禍難從邪心發生，邪心從令人產生欲望的東西引起。令人產生嗜欲的種種享受，重則會使良民做壞事，輕則使善人惹了禍。良民做壞事，便是侵凌在上位的君主，善人惹禍便是傷害許多人民，這是大災禍呀！所以《老子》說：「災禍沒有比追求可欲的東西更大的了。」所以聖人不受五色引誘，不被聲樂迷

〔註17〕禍，當從俞樾、劉師培校作「罪」，但「罪」之意仍為「禍」。「上侵弱君下傷人民」固然可謂為「大罪過」，若就全文細玩，則「教良民為姦」，「令善人有禍」，便將「上侵弱君下傷人民」，皆是追求可欲之物的禍患。〈喻老〉「以之自為罪」，「罪」字亦為「禍」。王道《老子億》認為《老子》四十六章「罪、禍、咎互文」，是也。

〔註18〕於，各舊本無，審上下文例依太田方《翼毳》說補。引，誘也。

惑；賢明的君主輕看供人賞玩的美好物品，遠離奢侈、華麗。

今本《老子》雖然沒有「罪（意即禍，〈解老〉作禍）莫大於可欲」一句，但〈解老〉、〈喻老〉卻同樣加以闡述，前人將兩篇同時收入《韓非子》中，也不無理由。〈解老〉由人內心的嗜欲著筆，探討它所以會鑄成禍患的因素，而歸結到明主應該減少嗜欲，不貴奇貨，奢絕奢侈淫麗。它的「可欲」是指追求令人產生欲望的種種事物，物在外，而我去追求，基因則在於我自己內心的嗜欲。〈喻老〉卻是將「可欲」看成具有令人產生覬欲的條件，物也好，國家也好，只要具有令人產生覬欲的條件，便會構成禍患，物與國都處於被動的形勢，禍患皆是自外而來。兩篇著眼點完全不同，就內容而言，〈解老〉較近《老子》本義，〈喻老〉隱含法家旨趣。

三、禍莫大於不知足

春秋之末，智伯居晉六卿之魁，跋扈一時，到處求索土地，貪得無厭，而終於被韓、趙、魏合力擊垮。《淮南子．人間訓》批評智伯是：「奪人而反為人所奪者也。」〈喻老〉舉他的事蹟來說明不知足是最大的禍害：

> 智伯兼范、中行而攻趙不已，韓、魏反之，軍敗晉陽，身死高梁之東，遂卒被分，漆其首以為溲（溲）器〔註19〕。故曰：「禍莫大於不知足。」

智伯併吞了范、中行以後，又繼續圍攻趙襄子，不肯罷休，韓、魏原本與智伯約好聯合攻打趙襄子，後來卻反過來與趙襄子聯手攻擊智伯，智伯的軍隊在晉陽被打敗了，他死在高梁東方，終於土地被韓、魏、趙三家瓜分，趙襄子把他的頭上了漆，用來作為飲酒的器具。所以老子說：「災禍沒有比不知足更大的了。」

本文徑取史實譬喻，簡賅透切，耐人深省。智伯原是晉國六卿之首，實力最雄厚，很有野心。他帶領著韓、趙、魏滅了范與中行以後，向韓求取土地，韓康子不敢不給；又向魏求取土地，魏宣子也不敢不給。他再度向趙襄子索取土地，趙襄子拒絕了，於是干戈相見，他帶著韓、魏聯軍圍攻晉陽。他原有十足勝利的把握，萬萬料不到，就在即將勝利的前夕，韓、魏會與趙襄子聯手，合力把自己給打垮了。智伯不但被殺，土地被瓜分，而且

〔註19〕晉陽，趙地。高梁，晉地。溲器，飲酒之器。《說苑．建本篇》作「酒器」，《淮南．道應訓》、〈人間訓〉作「飲器」，亦酒器也。

死後受盡凌辱，貽笑後世。歸咎其因，「不知足」正是招惹禍患的因素，倘若他能知足知止，取代晉國政權的，將是非他莫屬了。如果根據韓非的思想再加以補充，那麼智伯的敗亡，還有一項重要因素：他不能用術。治國者能夠善用方術，辨明臣下姦情，不敢盡信他人，不敢完全仗恃他人，而時時有所防備，便不至身亡國滅〔註 20〕。智伯假如能知道趙襄子是個能「為社稷忍辱」〔註 21〕的雄主，能揣知韓、魏敢怒而不敢言，危而不安，有反客為主的心意，早加杜防，也不至於功敗垂成，說不定他還可以代有晉國的政權而獨霸一方呢！

《韓非子・十過篇》敘述智伯敗亡的事跡，認為他之所以滅國殺身，是由於貪愎好利〔註 22〕。一個人唯利是視，貪得無厭，要想做領導人物是太嫌小器，而且令人不滿的。他多方求索土地，以勢凌人，韓、魏雖不敢拂逆他的心意，心中的怨憤是難以消除的。他滅范、中行，又再度圍趙，韓、魏迫於他的聲威不敢不隨軍隊參戰，但唇亡齒寒，兔死狐悲的感觸又是相當深刻的，這就是他們終於和趙襄子站在一條線上，要倒戈反向智伯的原因了。〈十過篇〉裡還詳盡記載智過反覆勸諫，智伯卻是剛愎自用，不肯聽從。他既認為韓、魏約好三分趙地「必不我欺」，自己又把這些秘密諫言向韓、魏二子透露。智過要他「殺之」，他做不到；要他「親之」，設法買通韓、魏的謀臣，他又斤斤計較利害，認為不划算。如此「領導人物」可說是「無術」之極，他之所以敗亡，也是極為自然的事。

《韓非子・解老》第廿五節，有段闡釋「禍莫大於不知足」的文字：

> 人無毛羽，不衣，則不犯寒。上不屬天而下不著地，以腸胃為根本，不食則不能活。是以不免於欲利之心。欲利之心不除，其身之憂也。故聖人衣足以犯寒，食足以充飢，則不憂矣。眾人則不然：大為諸侯，小餘千金之資，其欲得之憂不除也。胥靡有免，死罪時活；今

〔註 20〕韓非云：

> 夫至治之國，善以止姦為務。(〈制分〉)
> 上設其法，而下無姦詐之心，如此，可謂善賞罰伏。(〈難一〉)
> 明主之道，一法而不求智，固術而不慕信，故法不敗而群官無姦詐矣。(〈五蠹〉)
> 無術以知姦，則以其富強也資人臣而已矣。(〈定法〉)
> 夫聖人之治國，不恃人之為吾善也，而用其不得為非也。(〈顯學〉)

〔註 21〕語見《說苑・建本篇》。《淮南・道應訓》「辱」作「羞」，意同。

〔註 22〕〈十過篇〉云：「貪愎好利，則滅國殺身之本也。」

夫不知足者之憂，終身不解。故曰：「禍莫大於不知足。」

人生於天地之間，不能攀附於天，也不能附著於地，沒有相當的憑藉，以求得衣食溫飽，不免嗜欲好利，換句話說：嗜欲好利存於人的天性，是自然之常情；聖人智慧超絕，能洞燭世間百態，看破名利，而知足常樂，一般人就不，嗜欲好利之心永遠也沒有滿足的時候，於是憂患也就緊跟著不離身。罪犯還有機會被赦免，定了死罪也有可能減刑，有活命的機會，唯獨一般人的嗜利永無滿足。儘管好一些的做了諸侯，差一些的積存了千金，他仍然有許多貪欲得利的念頭，他的憂患是一輩子也解除不了的，所以說「禍莫大於不知足。」

《列子・楊朱篇》有一段話說：「人者，爪牙不足以供守衛，肌膚不足以自捍禦，趨走不足以逃利害，無毛羽以禦寒暑，必將資物以養性。」就人類初民時代求生存的實況加以分析，與〈解老〉本文起首六句意義相同。〈解老〉說「是以不免於欲利之心」，說法接近韓非的人性自利論。韓非的老師荀子分析人類的天性，認為存有各方面的欲望，因而肯定人性惡，須要藉隆禮來教化；韓非則客觀分析人性的自私自利（儘管他有些偏執），而希望藉賞罰來繩正，一則由教育觀點出發，一則由政治觀點出發〔註 23〕。不過，於人天生存有嗜利之心，師生二人的看法是一致的。

至於「一般人不知足，只有聖人才能知足常樂」這個觀點，韓非曾舉證說明人性自利自為，得寸進尺之心永無止境，唯獨老聃能知足知止，因而主張融合賞罰「使民以力得富，以事致貴，以過受罪，以功致賞，而不念慈惠之賜。〔註 24〕」立意也正符合。

大抵說來，〈解老〉重在客觀的剖析，立論還很平正，也還不失道家的原意；〈喻老〉取譬喻事，就意在作為政治理論的佐證，主觀的成分較深。兩篇著墨不同，而以〈喻老〉更接近韓非的基本思想。

此外，韓非解、喻老子往往摘出單句，與上下原文意義不盡相貫。《老子》四十六章原作：「天下有道，卻走馬以糞；天下無道，戎馬生於郊。罪莫大於可欲，咎莫大於欲得，禍莫大於不知足，故知足之足，常足矣。」有許多學者便以篇章貫串性來解釋《老子》，那麼「不知足」的感慨不僅是人性欲利之心永遠無法滿足自己，而是承上文，將「知足不爭」列入言兵之道。羅焌《諸

〔註 23〕說略本陳奇猷《集釋》，頁 363。

〔註 24〕詳見〈六反篇〉。

子學述》援引此章說：「此言兵禍生於不知足，各修其內，無求於外，安事備戰哉！」「其言兵，仍本柔弱無為之道，而以知足不爭、慈儉不先為主旨，非若後世兵權謀家，專談作戰計畫也。」當然，《老子》之文言簡意賅，我們研究其立意，不妨從多方面去揣摩，「兵禍」固然是直接意義，若將「禍」的幅度放大，由個人以至于國家的種種禍端都含容在內，應該是更完善的解釋。由聖人自我修為的知足知止，教化百姓能知足知止，以至于為政處事能務本，不濫開釁端，正是《老子》清靜無為的旨意。

四、咎莫憯於欲得

〈喻老〉第四節，列舉虞公貪得寶物，以至亡國的事跡，來證明「貪利之心」是引致禍害的根本：

> 虞君欲屈產之乘與垂棘之璧，不聽宮之奇，故邦亡身死。故曰：「咎莫憯於欲得。」〔註 25〕

晉獻公採納荀息的計謀，用屈邑所產的名馬和垂棘所出的美玉當做誘餌，向虞國借道路去攻伐虢國。虞君受了寶馬美玉的誘惑，一心想擁有它，不聽宮之奇的勸諫，所以國家被滅亡，自己被擒虜〔註 26〕。所以說：「災害沒有比貪得無厭更厲害的了。」

虞君亡國之事，〈喻老〉第二節以為「以城與地為罪」，令人有可冀欲之處，這裡不再贅述。綜合《左傳》與《穀梁傳》的記載：荀息建議以屈產之乘和垂棘之璧作禮物向虞國借道伐虢國，晉獻公還很捨不得，他顧慮萬一虞君受了禮而不履行諾言，晉國豈不平白損失了國寶？荀息是料定虞國小國家沒有那麼大膽量，所以他安慰晉獻公，這只是「將欲取之，必固與之」的權謀〔註 27〕。將來滅了虢國，順帶再滅虞國，寶物還是晉國的，因此他說「是我取之中府而藏之外府，取之中廄而置之外廄」〔註 28〕。以虞君的立場來說，晉國是大國，不必要巴結自己，突然厚禮卑詞，顯然對自己不利，他卻懵然不覺。宮之奇第二度勸諫，提出虞、虢利害相關，「輔車相依，唇亡齒寒」〔註 29〕，

〔註 25〕《老子》四十六章語。咎，《說文》：「災也。」憯意慘，今本《老子》作「大」，朱謙之《老子校釋》：「『大』作『憯』，是也。『憯』與『甚』通。」

〔註 26〕《左傳》只說「執虞公」，沒說被殺。

〔註 27〕詳〈喻老〉第九節。《淮南子・人間訓》也說晉獻公是「與之而反取之。」

〔註 28〕見《穀梁傳》僖公二年。

〔註 29〕見《左氏傳》僖公五年。

借道給晉國去消滅自己的難友，萬萬不可行。虞君可找出了兩項理由，為自己辯護。他說：「晉國和我同宗，那會害我？」他卻沒有細想虢國和晉國的關係比自己與晉國的關係更密切！他又說：「我祭祀時祭品又豐盛又潔淨，神一定會庇佑我！」他卻不曾想到，晉人若是攻取了虞國，祭祀品照樣「豐潔」，神是否就庇佑晉國了呢？總之一句話，虞君利令智昏，他看中了寶馬寶玉，再也無心去考慮其他，缺乏遠大的眼光，執迷不悟，難怪荀息要「料虞君中知（智）以下也。」就做國君的政治警覺性而論，虞君未能自念國家弱小，力求自立自保，隨時備抗強敵，已經是不明春秋列國爭力的權力紛爭局勢；竟貪得大國的璧馬，希求非分的財貨，虞國所以覆亡，委實是虞君貪得之過！《韓非子．十過篇》在第二項「顧小利，則大利之殘也」便列述虞君貪得璧馬以至於亡國的事。我們試想虞君被俘時，眼看荀息牽著馬捧著璧，說著「璧則猶是也，而馬齒加長矣」〔註 30〕的得意話，再想想宮之奇的苦口極諫，不知要何等悔恨呢！

《韓非子．解老》第二十六節，解析「咎莫憯於欲利」說：

> 故欲利甚則〔註 31〕憂，憂則疾生，疾生而智慧衰，智慧衰則失度量，失度量則妄舉動，妄舉動則禍害至。禍害至而疾嬰（攖）內，疾嬰（攖）內則痛，禍薄外則苦，苦痛雜於腸胃之間〔註 32〕則傷人也憯〔註 33〕，憯則退而自咎，退而自咎也，生於欲利，故曰：「咎莫憯於欲利。」〔註 34〕

過分貪欲爭利就會有顧慮，要發生疾病，智慧也要衰退；智慧衰退了，思慮計畫便會有所失誤，思慮計劃有所失誤，就會輕舉妄動；輕舉妄動，災禍就來了。災禍到來，而疾病又在內發作，裏外煎熬，痛苦便要向胃腸之間侵襲，傷人就厲害了。傷害受得厲害，就回過頭來自己譴責自己。回過頭來自己譴責自己，這都是由貪欲爭利產生出來的。所以《老子》說：「引咎自責沒有比貪欲爭利更厲害的。」

〔註 30〕見《穀梁傳》僖公二年。

〔註 31〕則，原作「於」，從陶鴻慶《讀韓非子札記》說校改。

〔註 32〕句原重「痛禍薄外」四字，及「痛雜於腸胃之間」七字，依《集解》從《識誤》、《拾補》說刪。腸胃，《識誤》云：「當作『外內』」意較優，蓋涉上文「以腸胃為根本」而誤。

〔註 33〕憯，甚也。

〔註 34〕《老子》及〈喻老〉「欲利」作「欲得」，「憯」《老子》作「大」。

它也是採取層遞手法，剖析「欲利」的結果，使人憂愁煩慮，容易百病叢生，苦痛傷人，最後會自我譴責。它純粹是客觀的分析。它與〈喻老〉最大的差異，在於「欲利」與「欲得」詞義不同。有些註家主張根據〈喻老〉改正〈解老〉，與一般《老子》本作「欲得」也可以取得一致。不過，細看〈解老〉的立意，倒是重在「貪欲爭利」上，所以起筆是「欲利甚於（則）憂」，結筆是：「退而自咎也生於欲利。」也許註家據上節「欲得之憂不除」，以為有所承，宜改為「欲得」；我們也可以說〈解老〉作「欲利」，是承上節「不免於欲利之心」而來。其次，〈解老〉與〈喻老〉對於「咎」的解釋也顯然不同，〈喻老〉明指「災禍」、「災害」——虞君邦亡身死是災禍；〈解老〉卻解為「自我譴責」——由肉體的苦痛，而痛自反省，絕不是災禍。由此可知〈解老〉與〈喻老〉不僅立意不同，即作者對《老子》文字的領會也有所分別，若不是兩人的作品，至少是不同時間不同情境的作品。〈喻老〉設喻尚合韓非的思想，〈解老〉則僅是字面上解釋，與《老子》本義也不盡相符。因為《老子》原文「罪莫大於可欲，禍莫大於不知足，咎莫大〔註 35〕於欲得」重點在戒人「儉欲」〔註 36〕，能汰減個人嗜欲，便能避免「罪、禍、咎」而達到結論所謂的「知足之足，常足」。〈喻老〉的事例出入道、法，確實耐玩；〈解老〉前兩節的解釋也還能切合玄旨，唯獨本節所敘頗有偏差，這不能不辨。

司馬遷〈報任少卿書〉有所謂「禍莫憯於欲利」，或者與〈解老〉引句有關。而太史公以「禍」字替換「咎」字，該說是根據《老子》四十六章的原始意義而來。

五、知足乃足

〈喻老〉第五節，說明儉欲知足的道理：

> 邦以存為常，霸王〔註37〕其可也。身以生為常，富貴其可也。不以欲〔註38〕自害，則邦不亡身不死。故曰：「知足之為足矣。」〔註39〕

國家以能求得生存算是最基本的原則，只要能求得生存，霸王之業終究

〔註35〕「大」傅本作「憯」，劉師培以今本作「大」乃後人以上語「大」字律之。
〔註36〕河上公註四十六章標題。
〔註37〕「王」字乾道本無，審文例據藏本、今本補。
〔註38〕「不以欲」各舊本作「不欲」，依陶鴻慶《讀韓非子札記》說補「以」字。
〔註39〕今本《老子》四十六章「知足之足，常足矣」。

可以達到的；個人以能活命算是最基本的原則，只要能活命，享受富貴榮華終究是可以實現的。不因為嗜欲而貽害自己，那麼國家不會滅亡，個人也不會喪命。所以《老子》說：「能知足就能夠得到滿足。」

「知足之為足」是個組合式詞結，意思是「知足」就叫做「足」。這段文字標示「常」與「可」，顯示「常」即是「足」，「可」則由「足」而來。能做到了「常」，其他的事不求自得，這個「常」，就韓非的思想來推論，也有相當的內涵。韓非的思想主張穩健自強。就國家而言，倘若由內政著手，「明其法禁，必其賞罰，盡其地力，以多其積；致其民死，以堅其城守」(〈五蠹〉)，奮發勵志，致富圖強，先求得生存，自立於不敗之地，進一步就可以求霸求王；就個人而言，能求得生存，有相當的憑藉，進一步才能談到享受富貴。所以如何維持生存是先決要件，訣竅便在於不因為過多的欲望自己害自己。諸如國君應避免「好宮室臺榭陂池，事車服器玩，好罷露（即疲羸）百姓，煎靡（窮竭）貨財」(〈亡徵〉)，能克制許多不必要的私欲享受，不去侵擾百姓，使財用枯竭，便可以長居君位，享受榮華富貴，國家也不致因百姓怨叛、財源短缺而滅亡了。國君也應該避免「用時日，事鬼神，信卜筮而好祭祀」(〈亡徵〉)，國君能勤飭內政，不執迷占卜，冀求非分庇佑，那麼他一定能順應時勢，切實有為。由此可知，「不以欲自害」便是「知足」，知足即能得足，也就能合於常規，得以「生、存」；以「生、存」為基礎，「霸王、富貴」自然可得，這是〈喻老〉本文的立意。

但是，倘若以細密的邏輯來分析，法家先求生存而後求霸王的主張，並非「知足」；真正的「知足」，那是安於小國寡民，老死不相往來〔註40〕。「身以生為常，富貴其可也」，其意不忘富貴，也不是真正的「知足」；真正的「知足」，是超乎名利、財貨與得失的，所以能夠「功成身退」(九章)。既然能夠自我謙抑，也就可以免去聲名之累，因此便是「知足不辱，知止不殆」(四十四章)了。道家了解天地循環不已以及禍福互相倚伏的道理，於是把「知足」當作處世至術，所以聖人要「去甚、去奢、去泰。」(二十九章)〔註41〕《淮南子・詮言訓》說：

> 利則為害始，福則為禍先。唯不求利者，為無害；唯不求福者，為無禍。侯而求霸者，必失其侯；霸而求王者，必喪其霸。故國以全

〔註40〕見《老子》八十章。
〔註41〕見蕭公權《中國政治思想史》。

為常，霸王其寄也。身以生為常，富貴其寄也。

這是鑑於「多欲」有害，與〈喻老〉「不以欲自害」意同。而「霸王其寄也」、「富貴其寄也」，以「寄」字代「可」字，將霸王、富貴視為餘事，得與不得，不繫於心，是純道家言，也貼合《老子》知足之意。太田方《翼毳》據以校正〈喻老〉，改「可」為「寄」，在文義上較為貫串，不過，卻看不出法家思想的痕跡了。

第十二章　見　微

由小知大，見微知著，聖人析論事理，能洞燭機先，若及早籌劃，依大小易難次序著手，必能化難大為細易，轉禍為福。〈喻老〉的立說，把《老子》深遠的智慧運用到實際生活與政治謀略上，更切近耐玩。內容大抵是治國切膚之事，近韓非〈十過〉、〈亡徵〉等警戒性的議論。

一、慎小謹細

宇宙間有形的事物，大的一定由小發展而成；能行之久遠的東西，多的一定是由少累積而來，《老子》六十三章說：「天下困難的事，必定由容易的事產生；天下重大的事，必定從細微的事產生。」所以想處理困難的事情，須趁它還容易的時候。想控制重大的事物，須趁它還細小的時候。千丈高的堤防，會因螻蟻的小洞穴而崩潰；百尺寬的大房屋，會因為煙囪空隙飛出的小火星而焚毀。所以白圭巡視隄防，要堵塞小洞穴；老人慎防火災，要塗填小空隙。正因為他們把握要訣，所以白圭沒有水災的禍難，老人也沒有火災的禍患。這都是能謹慎地從易處、細處著手，因而能避開困難、遠離大患。〈喻老〉第十節先就事理分析，發了一篇議論：

> 有形之類，大必起於小；行久之物，族〔註1〕必起於少。故曰：「天下之難事，必作於易；天下之大事，必作於細。」〔註2〕是以欲制物者，於其細也〔註3〕。故曰：「圖難於其易也，為大於其細也。」

〔註1〕族，眾也。

〔註2〕《老子》無兩「之」字。

〔註3〕是以下脫去「欲攻難者，於其易也」一層。

千丈之堤，以螻蟻之穴潰；百尺之室，以突隙之熛〔註 4〕焚。故白圭〔註 5〕之行堤也，塞其穴；丈人之慎火也，塗其隙。是以白圭無水難，丈人無火患。此皆慎易以避難，敬細以遠大者也。

本文先就事理剖解，可說是精詳有力。「有形之類，大必起於小；行久之物，族必起於少。」正是闡釋《老子》六十三章「大小多少」（大由於小，多由於少）之意〔註 6〕。六十四章所謂：「合抱之木，生於毫末；九層之臺，起於累土；千里之行，始於足下。」說明的也是指初發端細微，經過長期的累積，終於成形，粲然有可觀之處。天下事，初始容易，終究繁雜；初始細微，終究粗大。如果能見微知幾，由細小處著手，趁事態尚未演化時及早處理，那麼再繁難的事也容易了，再重大的事也細小了。這樣子，不勞心力，自然能夠達到「無為」的境界；否則，等到事態已經嚴重了，容易的逐漸變困難，細微的逐漸變重大，再想處理，千頭萬緒，非弄得焦頭爛額不可，還想「無為」，是絕對不可能的了。白圭行隄塞穴，丈人慎火塗隙，是兩個很切要的例證。因為能及早防備，小洞穴沒有再浸漫擴大，小空隙沒有再爆裂延展，所以能避免水難火災。聖人當事態初萌的時候就及早著手，那麼轉禍為福全得力於他能見微知幾，防犯未然了。

為了加強自己的議論，〈喻老〉舉了扁鵲為晉桓公（侯）治病的事例，以見慎小防微的重要：

扁鵲見晉桓公〔註 7〕，立有間，扁鵲曰：「君有疾在腠理〔註 8〕，不治將恐深。」桓侯曰：「寡人無疾。」〔註 9〕扁鵲出，桓侯曰：「醫之好治不病以為功。」居十日，扁鵲復見曰：「君之病在肌膚，不治將益深。」桓侯不應。扁鵲出，桓侯又不悅。居十日，扁鵲復見曰：

〔註 4〕熛，音標，飛的火星。

〔註 5〕白圭，先秦有兩白圭：一是周人，魏文侯時曾為魏相，善治生產，事見《史記．貨殖列傳》、〈鄒陽傳〉及《韓非子．內儲說下》；一是魏人，生當梁惠王時，善治水，此章之白圭即指其人。

〔註 6〕詳見朱謙之《老子校釋》。

〔註 7〕晉桓公，舊本作「蔡桓公」，《史記．扁鵲列傳》及《新序》作「齊桓公」，皆誤，《索隱》：《晉世家》「紀年以孝公為桓公，故《韓子》有晉桓侯。」下文作「桓侯」。

〔註 8〕腠理，《史記會注考證》：廖文英曰：「腠，肉理分際也。」《儀禮》鄭注：「腠，謂皮肉之理也。」

〔註 9〕疾，各舊本無，依盧文弨《拾補》說增。

「君之病在腸胃」，不治將益深。」桓侯又不應。扁鵲出，桓侯又不悅。居十日，扁鵲望桓侯而還走。桓侯故使人問之〔註10〕。扁鵲曰：「疾在腠理，湯熨之所及也；在肌膚，鍼石之所及也；在腸胃，火齊之所及也；在骨髓，司命之所屬，無奈何也。今在骨髓，臣是以無請也。」居五日，桓侯體痛，使人索扁鵲，已逃秦矣，桓侯遂死。

晉桓侯有病徵，良醫扁鵲一眼就望出，可惜桓侯自認為無病，還以為扁鵲是「喜歡醫治些沒有病痛的病，好據以邀功！」病情越拖越重，到最後病入膏肓，藥石罔效，所以扁鵲看了他轉身就走，他唯恐桓侯再找自己，逃到秦國去，桓侯也就病死了。於是，作者很感慨地作了結論：

故良醫之治病也，攻之於腠理，此皆爭之於小者也。夫事之禍福亦有腠理之地，故聖人蚤（早）從事焉〔註11〕。

好醫生治病，是趁病情還輕微的時候診治，這是搶著在「細小」時著手啊！談到事情的禍福，也是有輕微的初萌狀態，所以聖人處理事情要及早著手。

本文所舉的故事，又見於《史記．扁鵲倉公列傳》及《新序．雜事篇第二》，不過兩篇皆作扁鵲見齊桓侯。〈新序〉與〈喻老〉文字大致相同。《史記》在文末有一段感慨：「使聖人預知微，能使良醫得蚤（早）從事，則疾可已，身可活也。」這是就醫道發論；〈喻老〉所謂「夫事之禍福亦有腠理之地，故聖人蚤從事焉。」立意更由醫道擴展至人生處事方面，可以說將老學運用到實際生活上來了。我們還可以再加幾句「言外之意」：治國之道亦然！能由小處敬慎做起，由細易處著手，防犯於未然，便能克服大難，轉禍為福。韓非的術治主張，也運用慎小謹微的道理，講求伺察之術，要及早杜絕姦萌，以收防微杜漸之效。他說：

明君見小姦於微，故民無大謀；行小誅於細，故民無大亂。此所謂「圖難於其所易」也，「為大於其所細」也。……知下明，則禁於微；禁於微，則姦無積；姦無積，則無背心〔註12〕。（〈難三〉）

〈難三篇〉認為人君必須能燭察遠姦，照見隱微，可說是把慎小謹微的道理，由道家對人生處世多方面涵攝的哲理濃縮為人君控馭群臣的密術，這是韓非

〔註10〕故，有意。《史記》作：「桓侯使人問其故。」

〔註11〕故聖人，各舊本作「故曰聖人」。案：此句非《老子》之文，依顧廣圻《識誤》說刪「曰」字。

〔註12〕「背心」，原作「比周」，從陶鴻慶《讀韓非子札記》校改。

對於政治理論特別關心的緣故，也是他法家當行本色。巧的是：〈難三篇〉引的《老子》文句與〈喻老〉相同（虛字雖有小異與全文立意並無關係），相較之下，〈喻老〉的涵義顯然較廣，因而也能出入道、法，兩面俱到。

細玩《老子》六十三章：「為無為，事無事，味無味。大小多少，報怨以德。圖難於其易，為大於其細。天下難事必作於易，天下大事必作於細。是以聖人終不為大，故能成其大。」主旨在說明無為而無不為的訣竅〔註 13〕。吳澄說：「無為而為者，老氏宗旨也。……所以得遂其無為者，能圖其難於易之時，為其大於細之時也。」由細易處著手，不勞心力，輕而易舉，不知不覺自有成就。《老子》的旨趣在「無為」、「清靜無事」，以少為多，以細為大，以靜制動，結果是「聖人終不為大，故能成其大」，便點出了無為而終能無不為的妙用。〈喻老〉本文的立論，則運用此理處事治國，是把《老子》的深遠智慧活用到切實的生活上來，其立意不僅僅是「無為」而已；相對的，它已運用為深觀細察、穩妥可靠的行事準則，不求「無為」，而求「大有為」了。

二、未兆易謀

〈喻老〉第十一節，舉了鄭大夫叔瞻見微知幾，勸諫鄭君禮遇重耳抑或殺重耳的事：

> 昔晉公子重耳出亡過鄭，鄭君不禮〔註 14〕。叔瞻諫曰：「此賢公子也，君厚待之，可以積德。」鄭君不聽。叔瞻又諫曰：「不厚待之，不若殺之，無令有後患。」鄭君又不聽。及公子返晉邦，舉兵伐鄭，大破之，取八城〔註 15〕焉。

晉文公重耳未即位以前，在外流亡十九年，到過不少國家。有些國君看他器宇非凡，是賢公子，從者都是豪傑，是良好的輔弼人材，確信他將來能出人頭地，便格外禮遇。譬如齊桓公妻以宗室女，宋襄公待以國禮，楚成王以相當諸侯的禮款待他，秦穆公由秦召重耳，以宗室女五人妻之，又發兵護送他回國立為晉君。這些春秋霸主惺惺相惜，也都不約而同具有遠見。相對的，也有些荒唐短視的君主，欺重耳是個落魄公子，不禮重耳，曹共公甚至

〔註 13〕魏源《老子本義》：「此章皆明無為而無不為之旨。」

〔註 14〕鄭文公不以禮款待晉公子重耳，事見《左傳》僖公廿三年。〈十過篇〉「國小無禮，不用諫臣」，以叔瞻言誤為諫曹君；〈晉語〉：「叔詹（瞻）曰：天禍鄭國，使淫觀狀。」《史記．晉世家》與〈喻老〉大致相同，〈喻老〉可從。

〔註 15〕取八城，事未詳。

有意窺看重耳的駢脅，鄭文公也認為流亡公子太多，不能完全禮遇，鄭大夫叔瞻勸諫無效〔註 16〕。叔瞻的看法是：禮遇賢公子可以向他示恩，將來絕不會吃虧；要不，既然不禮遇他，就乾脆殺了他，以免將來他羽翼長成，前來報怨。以鄭文公來說，並不曾把重耳看在眼裡，也就想不到他有何重要性，是否將來有利於己抑或威脅鄭國，因此，叔瞻的話聽不進去。但是叔瞻不愧是個有眼光的人，他的話應驗了，等到公子回晉國做了諸侯，就興兵攻伐鄭國，拿走了八個城池。

〈喻老〉又舉第二個事例，來加重論點，那是宮之奇諫止虞公借道給晉國去攻打虢國的事：

> 晉獻公以垂棘之璧假道於虞而伐虢，大夫宮之奇諫曰：「不可，脣亡而〔註 17〕齒寒，虞、虢相救，非相德也。今晉滅虢，明日虞必隨之亡。」虞君不聽，受其璧而假之道。晉已取虢，還反滅虞。

宮之奇以「唇亡齒寒」來比喻虞、虢患難相共，不宜貪圖寶物冀望倖存。虞、虢兩國互相救援，實在是基於利害相共，並非為了彼此示恩。晉是大國，虢國被滅，虞國一定也難逃滅亡的命運。可惜虞君不聽勸諫，而事實也不幸被宮之奇料中，虞國緊跟著虢國全給晉獻公滅了。

於是，作者有了結論：

> 此二臣者，皆爭於腠理者也，而二君不用也。然則叔瞻、宮之奇亦虞、鄭之扁鵲也，而二君不聽，故鄭以破，虞以亡。故曰：「其安易持也，其未兆易謀也。」

結論是：這兩個臣子都是在事態初萌狀況時據理力爭，可是兩個國君都不聽信採納。如此說來，叔瞻、宮之奇也是虞、鄭兩國的扁鵲了。無奈國君不採納他的諫言，因此國家破亡，所以《老子》六十四章說：「當事情未到危險時，還容易把持；未露出禍患的跡象時，還容易計謀。」

本節舉兩個事例，申論見微知幾可以避禍就福的道理，直承上節之意；正如《老子》六十四章直承六十三章一樣，所以有些注家並不分章。

本文直接將謀臣比為良醫，良醫治病要趕在病徵初現的時候，謀臣謀國事，還必須更進一層，在徵兆未顯露時，就能根據現有的狀況，預推可能有的後果。叔瞻與宮之奇都有遠見，國家還未危殆，患難跡象還不明顯，便能

〔註 16〕詳見《史記．晉世家》。
〔註 17〕而，則也。

剖析毫釐，洞見機先，可謂料事如神，若能及早計謀，必能避免一場禍患，掙脫破亡的噩運。可惜鄭、虞兩國國君都是「中智」以下的庸才，面對精闢的諫說，也不能了悟，只有坐待敵軍到來了。

大凡對於賢人，聰明的國君有兩種態度：一則加以禮遇，收攬為自己所用，如燕昭王禮郭隗，樂毅等人從各方來投效，而能聯合五國軍隊，攻下齊國七十餘城。一則若不能任用，須提防他被敵人所用，為杜絕根本，還不惜出下策——殺了他。如魏相公叔痤勸魏惠王用公孫鞅（商鞅）；倘若不用就乾脆把他殺了，以免到了其他國家，成了未來的禍患〔註 18〕。至於敵國若有了賢人相助，便要設法行反間之計，使賢人不能得行其道。譬如：紂王命膠鬲向周文王索取玉版，文王便不肯給他，讓他「辱君命」，減低紂王對他的重視〔註 19〕；田單要復齊，先行反間之計，使燕惠王調走樂毅，再進一步用火牛攻陣；劉邦行反間，使項羽懷疑亞父范增通敵，終於把范增氣死；周瑜行反間之計，使蔣幹帶走假情報，讓曹操殺了劉表舊屬、熟諳水性的蔡瑁、張允〔註 20〕。這些做法，用意都一樣，便是怕賢人與自己對敵，構成了自己的心腹之患。叔瞻勸鄭文公禮遇重耳，是看準他將來要出人頭地，也好向他示恩，像楚文王禮遇重耳，後來晉、楚交鋒，晉文公還守約「退避三舍」〔註 21〕！僖負羈看曹國君主對重耳無禮，私下送幾樣小菜，墊了一塊璧玉，重耳知道他對自己的心意，雖然退還了寶玉，後來攻打曹國的時候，便特別關照不能騷擾僖負羈一家。至於勸鄭君倘若不能禮遇，為免後患，最好殺了他，當然是政治謀略，不擇手段，與公叔痤勸殺商鞅如出一轍。我們試看僖公三十年，晉文公約了秦穆公會兵圍鄭，表面上是指責鄭人「貳於楚」，實際是為了「無禮於晉」〔註 22〕。倘若不是燭之武鼓動唇舌，利用秦、晉間的恩恩怨怨與利害衝突打動了秦穆公，撤走了軍隊，晉文公也因為秦穆公於己有恩，悄然引退，一場禍患消弭於無形；否則兩個強國重兵壓境，弱小的鄭國非給瓜分不可，豈止喪失八城而已？由此可見，晉文公流亡時期對非禮自己的國君是何等地怨懟了。看情形，鄭文公是個勢利短視的人，難怪燭之武臨危授命還要發幾句牢騷，抱怨國君不能早用自己呢！

〔註 18〕見《史記·商君列傳》。
〔註 19〕見〈喻老〉末節。
〔註 20〕見《三國演義》。
〔註 21〕見《左傳》僖公二十八年。
〔註 22〕見《左傳》僖公三十年。

宮之奇勸諫虞君一席話，以「唇亡齒寒」點明禍福相共的相依形勢；以「虞、虢相救，非相德也」進一層說明面對現實，兩國必須通力合作，互相援助，再也沒有選擇的餘地，因為救了鄰國，等於救了自己；不救鄰國，自己也要跟著敗亡。人我之間，倘若助人，於己沒有什麼利處，是純粹的施與，便是恩惠；虞國如不受禮不假道，使虢國免於滅亡，對虞國自己仍有好處，所以並非向虢國示恩，僅是自救而已！當然他的諫言是深刻的觀察推測得來的智慧，由於還是「未兆」之事，國君執迷利益，便一時不能領悟了。

《老子》六十四章，由「其安易持，其未兆易謀」起筆，歸結到「無為、無執、無欲、無事」；〈喻老〉本段專就「洞見機先」立論，並非直接闡釋，而是著眼在「安而不持，未兆而不謀，便易於敗亡」，所言的是治國者切膚之事。鄭文公的失敗，正是犯了〈十過篇〉所謂的「國小無禮，不用諫臣」的過錯，〈亡徵篇〉說「無禮而侮大鄰」意正相當。虞君的覆滅，是犯了〈十過篇〉所謂的「愛小利而不虞其害」的過錯，與〈亡徵篇〉「饕貪而無饜，近利而好得者，可亡也」意正相當。這已是韓非留心治論的法家言了。

三、洞燭幾微

《淮南子・齊俗訓》有句話說：「糟丘生乎象櫡（箸）。」紂王荒淫無道，窮奢極侈，以酒糟作山丘，若推述其發端，乃由初作象箸開始。〈喻老〉第十二節記載箕子能洞燭幾微，乍見紂王製作象箸，便推想它的後果，不禁恐懼擔憂：

> 昔者紂為象箸而箕子怖〔註23〕。以為象箸必不加於土鉶〔註24〕，必將犀玉之杯。象箸玉杯必不羹菽藿，則必旄〔註25〕、象、豹胎。旄、象、豹胎必不衣短褐〔註26〕而食〔註27〕於茅屋之下，則錦衣九重，廣室高臺。吾畏其卒，故怖其始。居五年，紂為肉圃，設炮烙〔註28〕，

〔註23〕怖，盧文弨《韓非子拾補》：「《史記》、《淮南》作唏，淩本同，此自作怖，後同。」唏，哀痛不泣，見《說文》，於義較優。

〔註24〕鉶，羹器，受約一斗，兩耳三足有蓋。

〔註25〕旄牛，又作髦牛，見《漢書》及《史記・西南夷傳》，即今之犛牛。

〔註26〕短褐，當作裋褐，童僕之粗布衣也，以其短狹故又作短褐。短褐言其形短，裋褐言其質劣，均謂貧賤者之衣也。

〔註27〕食，〈說林上〉作「舍」，義較優。

〔註28〕炮烙有二義：一為燔炙而設，指飲食奢侈事，猶烤肉架，本篇即此義；二為淫刑之具，膏塗銅柱，下加炭火，令罪人行其上，常常墜入炭中，《韓非子》〈難一〉、〈難二〉、〈難勢〉即用此義。

登糟丘，臨酒池，紂遂以亡。故箕子見象箸以知天下之禍，故曰：「見小曰明。」〔註29〕

過去紂王製作了象牙筷子，箕子就恐懼擔憂，怕想見它的後果。認為既用象牙筷子一定不肯用陶土作的盛羹器皿，必然要用犀角或玉製的杯子。用了象牙筷和玉製的杯子，必不肯吃豆藿做的羹湯，那麼一定要選用犛牛、象或豹胎。吃犛牛、象或豹胎一定不肯穿短狹的粗布衣服，住茅草搭蓋的房屋；那麼就得穿好幾襲的錦繡衣服，住寬廣的房屋，搭蓋高臺。箕子說：我怕想見它的後果，所以在他開始表現奢侈享樂的欲望時就恐懼擔憂。過了五年，紂王果然大事享樂，用肉做園子，設有烘烤的器具；大量釀製美酒，酒糟堆得跟山一樣高，酒做得和池水一樣多，他登上「糟丘」，面對「酒池」，終於滅亡。所以箕子看了紂王用象牙筷子就預知天下有大禍難，因此，《老子》五十二章說：「能洞燭幾微的，叫做明。」

《老子》之道，著重內在的直觀與內省，根據宇宙生成的道理，推明天下萬物都出於同一根源——道。因為有道的本體然後才有萬物，所以只要掌握道的本體，便可以體會萬物。「既知其母，復知其子」（五十二章），了解了根本，自然能了解端末，也就是「執古之道以御今之有」（十四章）了。相對的，由萬物的種種動態，也可以逆推本源的道體。只要能摒棄私欲，避除外物的紛擾，道體雖然隱微，仍然可以得見，能知道隱微不易得見的大道便叫做「明」。得見隱微的大道之後，要能謹守不失，必須體會柔弱、自然無為的妙用，因為「柔弱勝剛強」（三十六章）、「無為故無敗」（六十四章），因此「守強不強，守弱乃強」〔註30〕。由上可知，《老子》五十二章原以「見小」、「守柔」指聖人能見隱微之道，守柔弱之道〔註31〕，能見本體，能守大道，所以稱為「明」，稱為「強」。

倘若略加引申，「見小曰明」可以泛指對於一切事物的觀察，能洞燭幾微。細小幾微的事體，往往是引發為大現象的引子，聖人既「為大於細，圖難於易」〔註32〕，由細小的徵兆，可以窺見龐大的後果，洞見機先，自然是明智的了。〈喻老〉本段文字立意即在此。不僅這樣，它還借《老子》來發揮

〔註29〕語出《老子》五十二章，景福本、吳澄本「曰」作「日」，誤。

〔註30〕見王弼《老子注》。

〔註31〕見魏源《老子本義》引張爾岐說。張默生《老子章句新解》、余培林《老子讀本》說同。

〔註32〕詳〈喻老〉第十節。

一些政治理論：做國君的人要能戒奢崇儉，克制私欲，那怕是一個小小的嗜欲，也不該自我寬假，因為有初始的根由，將會釀成嚴重的後果。紂王製作象箸，是窮奢極欲的發端，也是初次展露的一點享樂私欲。儘管他貴為天下之主，有這麼一點私欲原不算什麼大不了的事，但箕子卻深引為憂。原來一個人嗜欲無窮，一經縱放，便紛雜散亂，不好收拾，尤其紂王是一國之主，有權有勢，他要是剛愎自用，臣子們沒奈他何，終究會以享樂為本，以治國為末，勞苦天下百姓，以逞個人的私欲；私欲無窮無盡，即使悉天下以奉一人，仍然得不到滿足，最後百姓愁怨潰叛，只有步上敗亡的噩運了。箕子在他一開始有變壞的跡象時就憂懼不安，「見微以知萌，見端以知末」〔註 33〕，稱得上智者憂國之思了。

本文又見《韓非子．說林上篇》，文字小有差異，立意則相同。〈喻老〉多出「紂為肉圃，設炮烙，登糟丘，臨酒池，紂遂以亡。」用來說明箕子之慮果然應驗，不是杞人憂天。幾句話把紂王的奢侈享樂形容殆盡。〈說林上篇〉另有一段文字，敘述他的荒淫取樂：

> 紂為長夜之飲，懽（歡）以失日〔註 34〕；問其左右，盡不知也。乃使人問箕子，箕子謂其徒曰：「為天下主，而一國皆失日，天下其危矣；一國皆不知，而我獨知之，吾其危矣。」辭以醉而不知。

「長夜飲」有兩種說法，一是說以一百二十天算一夜；一是說坐在深室之中，閉窗舉燭。紂王一連好多天在深宮中舉燭飲酒，狂歡無度，忘記日辰甲子；問左右之人，大家跟著裝糊塗，都說不知道。他派人去問箕子，箕子感慨國家要危殆不安了，又說全國人都不知道時日，只有自己一個人知道，非招忌被害不可。所以他推辭說喝醉了記不得日期了！這個故事，一方面可以印證紂王的窮奢極欲，一方面也可以映襯箕子的憂思之深，這大概就是他要裝狂的原因了。顛狂之人實際上是最幸福的，因為他隨心所欲，毫不受節制，自由自在，毫無所知；裝狂避害，則是熱淚往肚裡吞，實在消受不了了，只有藉鼓琴來排遣自己的悲愁，琴操有所謂「箕子操」就是這樣來的〔註 35〕。箕子所以會這般痛苦，正因為他能「見人之所不可見」〔註 36〕。「明」者早見禍敗的跡象，原可以為難於易，及早圖謀杜防之道，箕子卻又無能為力。他

〔註 33〕見《韓非子．說林上篇》。
〔註 34〕失日，忘了日期，不知日辰甲子。
〔註 35〕見《史記．宋微子世家》。
〔註 36〕《淮南子．兵略訓》：「見人之所不可見謂之明。」

既不願如比干一諫再諫，被剖心橫死；離國遠去，又是彰明國君的惡行，不忍心那麼做；像周武王革命，更不是與紂同宗至親的他所肯做的。他唯一能做的只是假裝瘋狂，聽由深陷嗜欲中的紂王奴役、囚禁他了。等到周武王有了天下，箕子朝周，經過殷朝的廢墟，感傷宮室毀壞，禾黍茂密，「欲哭則不可，欲泣為其近婦人」〔註 37〕，在哭泣不得，又不能再裝瘋賣傻的情況下，他只有放聲悲歌，作了「麥秀」之詩，他的痛苦又加深了一層，難怪殷民聽了他的悲苦歌聲都要掉淚了。

因此，由箕子「見小曰明」的事例，我們可以補充兩句：明者貴得其用，人君要是能虛懷若谷，採納明智的諫言，洞燭機先的言論可以使國君避禍就福。可惜專制帝王不受諫議官的節制，歷代便不免出現許多箕子類型的悲劇人物，這也就是人類政治體制會往民主議政發展的緣故了。

〔註 37〕見《史記・宋微子世家》。

第十三章　自　持

《老子》重個人的修為，要人內省返視，時加檢點，汰除物欲，以求能自持。智慧的運用但求內斂，不欲外射，不務知人而務自知，不務勝人而務自勝。臨民之道，就又戒奢崇儉，以廉節寡欲為貴，不受難得的奇珍異玩引誘。《韓非子》一書留意君國統御術，有關法、術、勢之運用與配合可謂詳盡完備，對於人君日常修為則付闕如。然而就其政治理論推研，其理想君主乃「能明燭群姦，操縱百吏，不躭嗜好，不阿親幸，不動聲色，不撓議論，不出好惡，不昧利害。」〔註 1〕必然是能自知、自勝，不好財利的了。因此，老子與韓非的哲理在這方面是會通的。

一、自知者明

〈喻老〉第廿一節，借杜子勸諫楚莊王的一席話，說明人貴自知的道理：

楚莊王欲伐越，杜子〔註 2〕諫曰：「王之伐越，何也？」曰：「政亂兵弱。」杜子曰：「臣愚患智之如目也：能見百步之外，而不能自見其睫。王之兵自敗於秦、晉，喪地數百里〔註 3〕，此兵之弱也。莊蹻〔註 4〕為盜於境內，而吏不能禁，此政之亂也。王之弱亂，非越之下也。而欲伐越，此智之如目也。」王乃止。故知之難，不在見

〔註 1〕見蕭公權《中國政治思想史》。

〔註 2〕杜子，或作莊子，並非莊周，其人不詳。

〔註 3〕自敗於秦、晉，喪地之事，無考。或指城濮敗於晉。楚莊王盛極一時，並無喪地之事。有以莊蹻為盜在楚威王時，據改莊王為威王，然威王時三家已分晉，義又不符，〈喻老〉本文當有舛誤。

〔註 4〕莊蹻，反錫瑞云：楚有兩莊蹻，為盜者在威王時，為將者在頃襄王時。《困學紀聞》亦以將軍與盜名氏同，乃二人。

人，在自見。故曰：「自見之謂明。」〔註5〕

楚莊王想征伐越國，理由是：越國的政治紊亂，兵力也薄弱，是可乘之機。杜子說：「臣很愚拙，我擔憂大王智慧和眼睛一般，只見了別人看不見自己。大王的軍隊被秦、晉擊敗，喪失幾百里地，這是兵力薄弱！莊蹻在國內為盜，官吏沒法禁止，這是政治紊亂！大王本國的弱亂情形，並不在越國之下，卻想要去征伐越國，這正是只看了別人，看不到自己。」於是楚莊王打消了伐越的念頭。由此可見：「知」這事很難，難的不在於能透徹的看清別人，難的是能看清自己。所以《老子》三十三章說：「能看清自己叫做明。」

本文「自見之謂明。」今本《老子》「見」作「知」。王先慎《集解》認為：「此『見』字即緣上兩『見』字而誤，非《韓子》所見本有不同也，當依老子作『知』。」不過，《文選》注引〈喻老〉本文也作「自見」，若揣摩文義，這個「見」字，正是承上文「知之難，不在見人，而在自見」而來，並不是錯誤。只是韓非引文的含義，「自見」仍然是「自知」，這點卻很明顯。

《老子》卅三章說：「知人者智，自知者明。」拿「智」與「明」相較，程度有淺深之別。光是智慧的外射，能了解他人的善惡長短，並不可貴；有時候，還會誘發人的私欲及機詐之心，平添許多紛擾。所以《老子》一再強調要摒棄智慧，他說：「絕聖棄智，民利百倍」（十九章），又說：「以智治國，國之賊。」（六十五章）倘若人能清明而內省，認識自己的良知本性，那才難得；而且可以進一步「見素抱樸，少私寡欲」（十九章），而終於回復原始的本真。因此，老子很重視內在返視，而力求能「清明」。宇宙萬物，生起動作，既出於道，復歸回道，輾轉反覆，由動而復歸於靜，由生生滅滅而趨於不生不滅，這是永久不變的常理，聖人有內視之明，便能透視這個常道，所以說：「知常曰明。」（十六章）在《老子》看來，「智慧」不是用來追求物欲，與世紛奪，而是要用來自我鑑照，長保內心的清明，他說「用其光，復歸其明。」（五十二章）我們可以說「自知者明」才是根本，正是談論個人的修養功夫，要人們運用智慧，不是向外馳求，而要返視自己，最後能精神長存，與道合一。

〈喻老〉本段的引述，卻已擴廣為積極的意義：人我之際的相持之道，不僅要有知人之智，而且要有自知之明。有些人眼尖，光看到別人皮膚黑，不知道自己的鼻子扁；有些人一味趕時髦，「西子捧心，東施效顰」，徒然貽

〔註 5〕今本《老子》作「自知者明」。

笑大方，都是由於「智之如目」呢！就治國的道理來說，不僅要能知道敵人的弱點，善加利用，也要知道自己的缺點，勤加改善；不僅要知道敵人的優點，力求突破，也要知道自己的長處，多加發揮。這樣才算明智，可以立於不敗之地。後人談兵法，往往說「知己知彼，百戰百勝」。似乎是「知己」容易，「知彼」困難。韓非就直截挑破人心的蔽障，認為了解敵人的實情，設法擊敗敵人，還算容易；能自我返視，確知自己的缺陷，力加彌補，才算可貴。如果拿韓非的思想來推論：要想能勤飭內政，信賞必罰，以求富強；必須能克制一己的私欲，不被臣下的美言所眩惑，能有「自知之明」，才能運用方術，避免臣子的蒙蔽，也才能掌握權勢，推行法治！至於對付敵國的策略，就以內政為本，外交為末，勤飭內政，可以求得富強，以雄厚的資本做外交的支柱，小而治平，大而霸王，無不仰賴「自知」！

《韓非子・觀行篇》說：

> 古之人，目短於自見，故以鏡觀面；智短於自知，故以道正己。……故以有餘補不足，以長續短之謂明主。

所謂「目短於自見」，正是〈喻老〉「能見百步之外，而不能自見其睫。」不過〈喻老〉旨在強調「自見」之可貴，〈觀行篇〉則是強調如何善假於物，以他人之有餘補己之不足，以他人之長續己之短，立意更切要可取。劉向《說苑・君道篇》，也有所謂具官續短的故事：

> 齊景公問於晏子曰：「寡人欲從夫子而善齊國之政。」對曰：「嬰聞之，國具官而後政可善。」……「昔先君桓公身體墮懈，辭令不給，則隰朋侍侍。左右多過，刑罰不中，則弦章侍。居處肆縱，左右慴畏，則東郭牙侍。田野不修，人民不安，則寗戚侍。軍吏怠，戎士偷，則王子成父侍。德義不中，信行衰微，則筦（管）子侍。先君能以人之長續其短，以人之厚補其薄，是以辭令窮遠而不逆，兵加於有罪而不頓，是故諸侯朝其德，而天子致其胙。」

人君能有自知之明，又有知人之智，於群臣中選優擢良，以續補自己的闕失，政治豈有不完善之理？

二、自勝者強

〈喻老〉第廿二節，借子夏之口，說明精神戰勝物欲，便能安然舒泰，從而領悟自勝之可貴：

子夏見曾子，曾子曰：「何肥也？」對曰：「戰勝，故肥也。」曾子曰：「何謂也？」子夏曰：「吾入見先王之義〔註 6〕則榮之，出見富貴之樂又榮之，兩者戰於胸中，未知勝負，故臞。今先王之義勝，故肥。」是以志之難也，不在勝人，在自勝也。故曰：「自勝之謂強。」〔註 7〕

子夏去見曾子，曾子訝異他怎麼長胖了？他向曾子解釋：「過去，我去見夫子，聽夫子談論先王的大道，心裡就以能得聞大道為榮；退出來，看到了世俗富貴的享樂，內心又以能享受富貴為榮。這兩種想法在胸中交戰，持久未決勝負，便瘦了。現在先王之道已經戰勝了富貴的引誘，所以長胖了。」立志困難，難的不在於勝過別人，而在於能戰勝自己。因此《老子》卅三章說：「能自己克服自己叫做堅強。」

一個人立志，貴在堅決，要堅決必須能持一不變。倘若精神與物欲衝突，自己卻遲疑未決，便要輾轉難安，困惱不已，自然影響肉體，會變成「顏色憔悴，形容枯槁」〔註 8〕了。等到自我矛盾能夠消除，知所抉擇，便將如釋重負，坦然無憂，自然心廣體「胖」了。一般說來，外在有形的敵人，能使自己提高警覺，可以講究戰術，努力加以制伏；心中無形的敵人，卻往往是疏於防範，會自我寬假姑息，使它坐大，終至不可收拾。所以說：能時刻內省，自持自制，才是真正的強者。

其實一個人如果為理想而奮鬥，不受物質的役使，那真的是自得其樂，精神之舒泰，不在話下。《淮南子．原道訓》拓衍〈喻老〉的旨意，便認為子夏有以自得因而「得道而肥」：

吾所謂樂者，人得其得者也。夫得其得者，不以奢為樂，不以廉為悲。與陰俱閉，與陽俱開。故子夏心戰而臞，得道而肥。聖人不以身役物，不以欲滑和，是故其為懽不忻忻，其為悲不惙惙。萬方百變，消搖而無所定，吾獨慷慨遺物而與道同出。是故有以自得之也，喬木之下，空穴之中，足以適情；無以自得也，雖以天下為家，萬民為臣妾，不足以養生也。

心神有所依託，超然物外，怡性適情，無所處而不樂，真是「得道而肥」了。

〔註 6〕先王之義，《淮南子．精神訓》作「先王之道」。
〔註 7〕今本《老子》作「自勝者強」。
〔註 8〕見屈原〈漁父〉。

一般說來，能夠自得之人，總是相當執著於自我的意念，因而能不顧流俗，選擇自己的生活方式。就個人來說，也必是自制力極強毅力堅忍之人，才能不受物欲的引誘，勇於克服外在環境的艱困，實踐自己的理想，這誠然是能「自勝」的「強者」。

《老子》卅三章首二句是「知人者智，自知者明。」已詳於前，接著便是：「勝人者有力，自勝者強。」「智」、「力」與「明」、「強」，各以內外對言，精神外射的是「智」、「力」；內斂的是「明」、「強」。《老子》所講的智慧，貴在內涵，以求清明；力量也貴在內斂，以求能自強不息。就程度來說，「力」小而「強」大，「勝人」不足貴，「有力」不過是剛強的剎那表現，「自勝」才是「守柔」的持久功夫，也才是真強。《老子》說「守柔曰強。」（五十二章）一個能自我克制的人，必定能自強不息，他汰除物欲，不炫露，不爭勝。他雖然「守柔」，卻因為無私無欲，心中灑然，任何東西都不能汩惑他，任何人都不能強制他。《老子》主張不求勝人，但求自勝，卻能夠超然獨得其樂，逍遙自在，雖說不曾有意勝人，已經是無所不勝了，這就是《老子》「無之以為用」（八章）的道理了。

元代吳澄曾經做過一番深入的剖析：

> 《老子》之道，以昧為明，以弱為強，而此章貴明強者何也？曰：老子內非不明，外若昧耳；內非不強，外示弱耳。其昧其弱，治外之藥，其明其強，守內之方，其實一事也。

《老子》原是熟觀宇宙萬象，累積經驗，深思而得的智慧，已透徹領悟弱道哲學之可行，因此，在他看來：「守強不強，守柔乃強。」〔註9〕同樣的，「勝人不強，自勝乃強。」足見《老子》並不曾拋開世俗求強的觀念，只是角度不同，以退為進罷了。他這種「守內求強，治外示弱」的作法，讓兵家法家運用，便是詭詐示弱，以奇計致勝的權謀了。不同的是《老子》只求自勝、防人，不求勝人、攻人；兵法家卻是不擇手段，要爭強取勝。他是內斂之學，兵、法家卻是外耀之學。由於《老子》仍然有「求強」的意志，老學雖然外表要求歸於淳樸渾沌，對內在自我的修為，要求仍然很高。倘若不是講究個人的修為，「少私寡欲」（十九章）——減少個人的私心和欲望，雖也是歸真返樸的渾沌表現；對個人的修養而言，卻是一項重要的努力。——又怎能參悟弱道哲學，肯守柔不爭？又怎能「知雄守雌」、「知白守黑」（二十八章）？

〔註 9〕見王弼《老子注》。

治外守內原是一體啊！守柔之道，立志之堅，全在於「自勝」！

綜上所論，〈喻老〉本段文字，大抵符合道家理論，還不曾脫離玄旨，攙入法家精神。但是，看〈孤憤篇〉裡《韓非子》理想的政治家——法術之士「遠見而明察」、「強毅而勁直」、「恃其精潔治辯」，不肯與當道的權貴同流合污、欺君誤國，何嘗不是信「道」彌篤，立志彌堅，不汩於物欲，自持自勝的工夫！

「先王之道」，雖然在《韓非子》重要代表篇目如〈五蠹〉、〈顯學篇〉備受詆斥，指為愚誣之學；我們卻不能忽略韓非先破儒後立法的議論技巧，以及戰國諸子學派紛爭的客觀環境。因此，〈喻老〉以子夏得先王之道而肥為例，不但絲毫不影響其作品的真實性，善讀其書的讀者還應該舉一反三，子夏的「道」，正相當韓非的「法」啊！它同樣代表一種學者所獻身的理想。從這個觀點看，本段文字與韓非的思想亦不無會通之處。

三、美玉非寶

《呂氏春秋．異寶篇》開宗明義說：「古之人，非無寶也，所寶者異也。」由於人們價值觀念不同，對某些物品的重視與否就完全相左，乍看似乎不可思議，細細揣摩，其中卻蘊含了不少人生哲理。〈喻老〉第十四節引述宋大夫子罕婉辭美玉事，藉以說明《老子》「不貴難得之貨」的道理：

> 宋之鄙人得璞玉而獻之子罕，子罕不受。鄙人曰：「此寶也，宜為君子器，不宜為細人用。」子罕曰：「爾以玉為寶，我以不受子玉為寶。」是鄙人欲玉，而子罕不欲玉。故曰：「欲不欲，不貴難得之貨。」〔註10〕

宋國一個鄉下人，獲得一塊璞玉，拿去獻給宋大夫子罕，子罕不肯接受，鄉下人說：「這是寶物啊，該給做官的人拿去雕刻為器皿珍玩，不該給我們鄉下人糟蹋了。」子罕說：「你拿寶玉當作寶物，我卻認為不能接受你的寶玉才是可貴的。」如此說來，那鄉下人想要寶玉，但是子罕卻不要寶玉。所以《老子》六十四章說：「所求的是能夠無欲，不看重難得的珍玩奇貨。」

聖人深思，心境靈澈，對於事事物物，除去了解它的表象之外，還能深

〔註10〕子罕，宋大夫樂喜，子罕辭玉事見《左傳》襄公十五年。又見《呂氏春秋．異寶篇》、《新序．節士篇》及《淮南子．精神訓》。《韓非子》〈五蠹〉、〈二柄〉等篇劫宋君之子罕乃另一人。

入思索它的內涵以及連帶的禍福關係。擁有難得之貨，固然可以滿足自己的虛榮心與佔有欲，逞耀一時，如果就普通的百姓（細人）來說，卻也易於招惹盜賊，即使「攝緘縢、固扃鐍」〔註 11〕，想盡辦法存藏，難保不被奪去，甚至人隨物亡，滿門遭禍；若就在上位的君子而言，擁有難得之貨，除了增加一些氣勢排場，害處就更大。上有好之者，下必有甚焉者，在上位的人，重視難得的珍玩奇貨，士庶人起而效尤，最易開奢靡之風，風俗奢靡，人心自然詭詐，惟財貨是視，再也不知禮義為何物，見利忘義，矯情飾非，爭執日起，天下也就擾攘不安了。而在上位者既好財貨，屬下夤緣求進，就要藉奇珍異玩、稀世之寶做為進身之階，於是賄賂成習，趨炎附勢，魚肉百姓，清廉樸實之風也就蕩然無存了。一旦權益改變，官場易人，這些稀世珍玩也跟著換了主人了。因此，在上位的人，大可不要這些只有害處沒有好處的難得之貨呢！

就《老子》之道而言，聖人所欲的是「見素抱樸，少私寡欲」(十九章)，因為這樣子最接近原始樸質的道體。能少私寡欲，才可能清靜無為，不執著不犯錯。以臨民之道而言，聖人不僅自己力求無欲，也要使百姓無欲，生活上只要能達到相當溫飽的標準就夠，不求過分奢侈的享受，所以說「聖人為腹不為目」(十二章)。他不希望百姓懂得過分的智巧，因為「人多伎巧，奇物滋起」(五十七章)，這「奇物」一出現，便使人為它追逐爭競，甚至身敗名裂。正由於「難得之貨，令人行妨」(十二章)，為避免人民為難得之貨增多顧慮，產生邪念，所以他強調「不貴難得之貨，使民不為盜；不見（現）可欲，使民心不亂。」(三章）照這樣說來，老子臨民，勢必尚儉去欲，培養樸實的風氣了。

《左傳》襄公十五年記載子罕推辭寶玉的話，說：「我以不貪為寶，爾以玉為寶，若以與我，皆喪寶也，不若人有其寶。」明言各人觀點不同，對所意欲的事物的價值觀念也相異。鄙人認為玉是寶物，自己卻認為廉潔不貪才可貴，如果兩不相強，鄙人保留美玉，自己保留美名，那就是各有其寶，兩全其美。這些話很有《老子》順其自然的意味，不過與《老子》的理想又不盡相同。子罕並不反對鄙人好奇貨，也不汲汲於要使民無知無欲，只求個人內在的修為而已。〈喻老〉所引述較為簡短，重在申述為政者須尚節儉，去奢欲，講究廉節的操守。《韓非子・十過篇》殷殷以「好小利」、「貪愎喜利」為

〔註 11〕見《莊子・胠篋篇》，意指用繩索緊緊綑綁，用大鎖牢牢鎖住。

戒，〈亡徵篇〉認為「好宮室臺榭陂池，事車服器玩，煎靡貨財」以及「饕貪而無饜，近利而好得」是亡國的徵象，如此看來，韓非明法去私的賢君自然是克制私欲，廉節自持的，因而〈喻老〉這個觀點可說是道、法兩家共同的主張，並無二致。

第十四章　結　論

綜合前述：〈解老〉、〈喻老〉不僅是有關《老子》哲理最早的研究資料，並且可以用來探討道、法思想之遞衍，研究儒、法學說之演變，辨析法家用意之所在。它蘊涵的不僅是醇厚的道家哲理，也有精粹的儒家學說，有貼合道、法思想的會通理論，有流露法家旨意的創新別解。由於〈解老〉、〈喻老〉兩篇體裁互異，性質不同，立旨懸殊，在內容上便有很明顯的差別，譬如〈解老〉多闡說醇厚的道家言論，〈喻老〉多呈現強烈的法家旨趣；但是，〈解老〉也渲染了些許法家色彩，〈喻老〉也兼顧及不少道家哲理。足見兩篇還是有其密切關係，作者若說是同為受道家影響的法家集大成者韓非，在道理上是可以成立的；何況〈解老〉中也有部份儒家言論，要說兼承儒學習染而又融合道、法兩家思想的人物，捨韓非，再無他人。茲條敘於後。

一、道家哲理的闡發

〈解老〉是疏解《老子》的文字，對道家哲理的闡發，有許多精善透闢的見解。它對道體的解說，能把握大道渾成，乃是萬物萬理總依據的論點；以「無攸易」指明道的恆久性，用「無定理」、「非在於常所」說明大道化生萬物，含藏萬理，具有多變性；以「得之以死，得之以生，得之以敗，得之以成」四句《老子》佚文，解說由超越一切的道體所離析的相對事物的形態，彼此雖相對，仍是大道的一個成分。這些說法，都很有見地，極貼合老氏玄旨，常為註家所引用。

〈解老〉論德，認為「上德不得」，要袪除冀得之念，以求全身保真，積德有成；「上德貴虛」要保持冲虛狀態，不受任何意念的牽制，超脫種種價值觀念，自然而然地與「道」合德。這些解說，雖與一般《老子》註本不盡相同，就老學探析，其立意相當精到，足資參證。所謂「失道而後失德」一段，與今本《老子》迥異，而含藏有「道」與「德」相貫通，為人生哲學尋覓宇宙本體論的論據，使一切人生道德規條都能溯本於渾沌的道體，立意難能可貴。它指證「禮為亂源」，映現《老子》「知禮而反禮」的慨嘆，認為禮起於忠信散失之後，文飾過甚，正是為渾沌開竅，有害而無益，與儒者以「忠信」為「禮之本」的論說大異其趣，無疑是道家哲理的闡發。

〈解老〉有關攝生的理論，不僅貼合《老子》哲理，與《莊子》闡發的理論也有會合之處。《老子》玄言深微，生死之事並非聖人所關心，他所追求的道，與天地同終始，他希望藉著謙柔恭謹，能夠察於安危，謹於禍福，自然不受傷害。〈解老〉認為「不遇兕虎，不備甲兵」，是由於虛心無意，才能「不設備而必無害」，一語切中肯綮，是精湛的道家理論。

就〈解老〉的嗇惜之道而言，認為「嗇惜」的原則出於道，它是「少費」，是「愛其精神」(無欲)、「嗇其智識」(無知)，既點明「嗇惜」的人生哲學可以歸本於宇宙自然的律則，又詳言體道修為的具體方針，議說很精要。有關「三寶」的理論：老子讚揚的「勇」，是建基於「慈」，蘊涵無限柔韌的質性；〈解老〉所謂「不疑之謂勇，不疑生於慈」，闡說陰柔的勇斷，很貼合老子深邃的智慧。所謂「聖人盡隨於萬物之規矩，故曰不敢為天下先。」強調「謙退」的哲理，得自於對宇宙萬物的觀察，取法濡弱卑下而得以長存的原則。立說都很中肯，也是道家哲理精善的闡說。

二、儒家學說的申述

《史記》韓非本傳明言韓非出自荀卿之門，若比較荀、韓二子的學術思想，倒也可以發現其中有明顯的師法關係。諸如《荀子》的性惡說，進一步否定化性起偽，即韓非的自利人性觀；《荀子》的法後王，再切實一些，便是韓非的進化歷史觀；《荀子》要以禮為隆正，韓非一變而以法為治國準繩；《荀子》非命，主張明天人之分，盡人事之努力，韓非也主張棄龜明法（飾邪)。而《荀子》屢以「法度」與「禮義」並論，又有重刑罰與尚功用的主張，這些都給予韓非重要的啟示。話雖如此，荀、韓二人的類似，全在於「法家」成分，而不是儒家精粹的言論。在《韓非子》五十五篇中，也只有〈解老〉幾個段落，可以探尋一些儒家恢宏偉大的傳統學說。它該是由於註疏性質，不必顧慮是否能符合法家旨趣，因而留存幾許儒學的精粹理論，也正因為如此，格外珍貴。

〈解老〉所謂「仁者愛人」、「義者宜也」、「禮以貌情」，純然儒者之言，可以〈大學〉、〈中庸〉、《論語》、《孟子》、《荀子》來參證，與道家言無干，與韓非重要思想相異。這該是由於儒家學說對「仁」、「義」、「禮」的闡釋最明切、最周詳的緣故。韓非詆斥儒學，實因為儒學與法家思想相違相背，不破儒，便無以建立法家的言論。他既出自儒門，對儒學精義有深刻的了悟，是極自然的事。運用來疏解《老子》，與個人專擅的法家學說儘管牴牾，既是疏釋性質，也就無大妨礙。

其次，〈解老〉的禍福觀，將《老子》對宇宙的觀照，運用到人生層面來，它肯定禍福的因素在於人為，已不是《老子》所謂的莫可奈何的、非人所能臆測的一體兩面的禍福。〈解老〉不但肯定人為的因素左右禍福，文中還隱含積極進取之意，有著儒家人本主義的熱烈追求，與《孟子》、《荀子》的精神有會通之處，絕不僅僅止於映現道家謙抑消沈的哲理而已！

此外，〈喻老〉的修為自持理論，列舉子夏克服外在物欲的誘惑，選擇孔夫子的先王仁義之道做為終身奮鬥的目標，它固然是《老子》「自勝者強」的絕妙譬喻，既以一代儒宗、傳授孔子學術的子夏為事例，映襯讀書人「富貴不能淫」、有理想、有目標的執善精神，也可以看作儒學的申述了。

三、道法思想的會通

韓非以一位法家來疏釋《老子》，法家思想又有取於道家的哲理，那麼，〈解老〉、〈喻老〉往往表現道、法兩家思想的融通，是不足稱奇的事。

《老子》哲學原本也留意人生層面的種種問題，而謀求所以解決的方策。韓非是法家集大成的人物，他對《老子》的領略，也留意其中的人生哲學，甚而更縮小範疇，集中在政治理論的發揮。由「見微」一章引述的〈喻老〉幾個段落看來，「慎小謹細」大抵還是人生層面的處世哲學，適用性很廣，《韓非子・用人篇》談及君主須使臣子歸心，要預防「人臣為隙穴，而人主獨立」的危殆，便是「白圭行隄塞穴」的政治理論的運用；〈難三篇〉的防姦伺察之術又是進一層推廣謹小慎微的原則而得的。「未兆易謀」一段，作者留意的很明顯是政治理論中的君主箴言，既扣緊《老子》的玄旨，也很接近韓非〈十過〉、〈亡徵〉等警惕性的法家言論。末項「洞燭幾微」，借「箕子見象箸以知天下之禍」，一則貼合《老子》由細小的徵兆而洞見機先的明智，一則也用來發揮一些政治理論：人君必須戒奢崇儉，那怕一點小小的嗜欲，也必須自我克制。紂的覆亡，正應驗《韓非子・亡徵篇》所謂的「好宮室臺榭陂池、事車服器玩、好罷露百姓、煎靡貨財者，可亡也。」這豈非「殷鑑」？〈喻老〉的設喻貼合道、法兩家學說，真是警切深刻。

〈喻老〉的「自持」理論，可稱之為領袖修為學。三個事例中，楚莊王一代雄主，是韓非理想的賢君；子夏一代儒宗，弘揚學術；子罕是宋國賢大夫，萬民之上的政治家。他們都是領袖人物。韓非留心治國方術，雖出自荀門，卻不談儒者的內聖外王之學，他的政治哲學儘管周詳完備，人君的修為一向是劃在政治領域之外，我們欣然發現：〈喻老〉的「自持」理論正好彌補這道罅隙。〈喻老〉的設論，以《老子》哲學來衡量，堪稱信實而明達，曲盡其妙；若以韓非的思想來驗合，任何政治家都得自知、自勝、為國忘私、清廉自守。綜會《韓非子》書中的「明主」行徑，也必然如此。求證於《韓非子》其他篇目，〈觀行篇〉有「以有餘補不足，以長續短」的明主論，是「自知」之明；〈孤憤篇〉的法術之士，信「道」彌篤，立志彌堅，是「自勝」之強；〈十過〉、〈亡徵〉等篇殷殷以貪得為戒，是「不貴難得之貨」。〈喻老〉的設喻，出入道、法，左右彌縫，很耐玩味。

韓非挹取於道家，終究歸趣迥異，在〈解老〉、〈喻老〉中每每可以看出設論出發點相同，最後作用及結果又相去懸遠，即如道、法兩家一致摒除智巧，崇尚無為，善用嗇道，但歸結卻大異其趣，這是韓非有取於道家，而仍不放棄個人主觀融會，因而另成體系，應該說是法家旨意，而不是兩家會通了。

四、法家旨趣的流露

〈解老〉、〈喻老〉原是對老子文句的闡釋與設譬，按理該是以發皇道家哲理為宗旨，但是，由於作者主觀意念的左右，卻超越了《老子》的思想範疇，流露許多法家旨意；甚至於拋卻《老子》本義不顧，而獨闢蹊徑，另拓新的思境，借以發揮法家學說。

首先，我們該留意的是：〈解老〉的作者，法度觀念極強。《老子》斥禮為亂之首，對於文飾過甚的禮已是痛心疾首，法度重干涉，戕害天然的諧和，更是聖人所不忍言；但是，在〈解老〉一篇裡，「法」卻是再三出現。廿節談「重變法」，雖也貼合老、韓兩家旨意，卻已落言筌；廿一節說「民不犯法，上亦不行刑」、「外無刑罰法誅之禍者，其輕恬鬼也甚」，意謂守法則可破迷除禍；「上內不用刑罰，而外不事利其產業，則民蕃息，民蕃息而畜積盛」，意謂明法則能繁榮國家經濟、繁衍人口。又如卅五節說：「慈於身者不敢離法度」，就把道家廣泛的「慈」，縮小範圍，來申明法家的法治主張。而第卅一節所謂「事上不忠，輕犯禁令，則刑法之爪角害之。」便不僅提示對「法」的重視，而且有倡說忠君敬上、兢兢守法的意義存在。此外，第卅三節，由上天的儉嗇，推論「官治必有賞罰」，又是把「法」明朗化，為法家的賞罰論尋找相當堅實的理論根據。

其次，〈解老〉第廿八節闡釋「無狀之狀，無物之象」，撇開「道體虛無而又蘊藏無限生機」的論說，專從「由具體的形象可以揣想道體的實質」來立論，隱含法家重事功、求參證的意味；它解釋「智為愚首」，認為前識不過是「無緣而妄意度」，既費心神，結果又只是「與五尺之愚童子同功」，不從《老子》棄智崇樸的觀點著筆，特意強調「依據」與「推理」、「功用」，便不是《老子》本色，而顯露了法家實事求是的精神。

〈解老〉論嗇惜之道，談及智深會遠、令人莫測高深的方術，與「戰易勝敵」、「進兼天下」的強猛霸政，不自覺地流露了法家思想的傾向。論「三寶」，講究「計會規矩」、「議必蓋世」，也一反《老子》對心智活動的黜斥，而有炫智、爭強的意味。它談「禍福」，常以「富貴」為福祉，以「官爵富貴，衣裘壯麗」的儀容炫目奪人來代替老子美德內涵而自然流露的光輝，已渲染了法家功利的色彩。而文中屢次言及人性趨福避禍，心欲富貴而求免貧賤，與韓非賞罰理論建基於人性自利、惡誅罰而利慶賞的觀點又是一致。至於〈解老〉第卅六節拒斥邪淫的理論，以「朝甚除者，獄訟繁也」，特意點明「賞罰不明」即是吏治污亂，從而引出拒斥〈五蠹篇〉邪淫之俗，發揮〈孤憤篇〉對權貴當塗者因私害公的悲憤，竟然是韓非的重要思想了。就「富國裕民」的觀點而言，〈解老〉闡釋《老子》，拋開《老子》本德的發揮，以現實方面對物質的重視取代《老子》精神修養的提昇，全是法家切實際的功利觀念，切合韓非的主張，而與老學大相逕庭。

再看〈喻老〉的立意，法家的旨趣就更明顯。綜合上述權謀思想，〈喻老〉各節設喻的重點：要看重權位，不輕易拋離；要掌握賞罰，絕不可假手於人；要故示柔弱，伺機取勝；要委屈求全，忍小辱而就大謀；要掌握敵國廢置大權，善用憑藉，施行反間計謀；要自取卑污，計存封地。這些議論都是法家思想的發揮，與援引的《老子》詞語不盡相符，甚而是截然相異。由此可見，韓非是以法家的眼光來設喻，其取證於《老子》，重在借以發揮自己的法家學說，而非闡明老學。

有關棄智理論方面，「焚書」近似韓非「燔詩書」(〈和氏〉)的主張，而「智者不以言談教，慧者不以藏書學」，不正與韓非「無書簡之文」、「無先王之語」的議論相通？所謂「為生於時，時者無常事」，也接近韓非的歷史進化觀。而「摒棄智巧」固然是道、法兩家共同的看法；論及要因隨道理，善用憑藉，不任私智，使之自然有成，便已由《老子》隨任自然、不尚智巧的意念，進一步申述法家因法治事，「任數不任人」的主張了。

在無為理論方面，所謂人君不見而能明，不行而能知，善因託萬物以建立功業，以及不早顯露好惡才能一鳴驚人等主張，都已超越了《老子》思想範疇，而有新的發展。就實質而言，它是以法家眼光，付與老學新的意境，它的設喻，同權謀主張一樣，與《老子》的引文關係甚微，甚至迥異其趣，這是吾人研究法家學說不能輕忽的。

五、訓詁校讎的參證

《韓非子》的〈解老〉與〈喻老〉，對於我國學術研究方面的另一項貢獻，便是提供訓詁校讎學上寶貴的參證資料。

〈解老〉論德，以「得」解「德」，對後代註家影響很大。它談嗇惜之道，精粹耐玩，其中「治人事天」的別解，足以另闢蹊徑；「早服」三度用「服從」來解釋，足以息寧校讎學上古本老子「早服」與「早復」的論爭。它論三寶，引的是「能為成事長」，使俞曲園釐清了「成」字的形容詞性的蘊意。它對《老子》五十三章的闡釋文字，也提供一些參證資料，如「施」字之義，王念孫運用來解釋《老子》，自然渾成貫串；「盜竽」一詞，也給後代學者不少啟發。

《老子》四十一章「大器晚成」，近人陳柱就文義推斷當作「免成」，〈喻老〉以「不蚤（早）見示」來疏解，足見作者所據的本子已是「晚成」而非「免成」；而儉欲主張「知足乃足」，以「霸王其可也」，顯現法家以霸王為理想的旨趣，一個「可」字正是辨析全文立意的關鍵，倘若從《淮南子》，將「可」字改為「寄」字，便與《淮南子》一樣，完全表現道家思想，是以霸王為餘事了。吾人董理舊文，那怕一字也不能輕忽，這是一個實例。至於今本《老子》沒有「罪（意即禍，〈解老〉作「禍」）莫大於可欲」一句，而〈解老〉、〈喻老〉卻同樣加以闡述，事實上，「景龍、御注、敦煌、景福四本均有『罪莫大於可欲』句，釋文、河上本亦有此句。」（羅振玉〈老子道德經考異〉），足見〈解老〉、〈喻老〉資料極古，確有其參證的價值，許多學者們主張據〈解老〉、〈喻老〉來校訂《老子》，實有其因由。

附錄　《韓非解老喻老研究》與《老子》《韓非子》目次對照表

研　究	老　子	韓非子
一、道體	一、十四章、佚文	解老廿七、廿八、廿九節
二、論道	卅八章	解老一迄九節
三、攝生	五十章	解老卅、卅一節
四、嗇惜	五十九章	解老十五迄十九節
五、三寶	六十七章	解老卅二迄卅五節
六、禍福	五十八章	解老十迄十四節
七、明法	六十、五十四、五十三章	解老廿、廿一、卅六、卅七節
八、權謀	廿六、卅六、五十二、七十一、廿七、五十四章	喻老七、八、九、十三、廿五、六節；解老十六、卅七節
九、棄智	六十四章	喻老十五、十六節
一〇、無為	四十七、四十一章	喻老十七迄廿節
一一、儉欲	四十六章	喻老一迄五節；解老廿二迄廿六節
一二、見微	六十三、六十四、五十二章	喻老十、十一、十二節
一三、自持	卅三、六十四章	喻老廿一、廿二節

參考書目

1. 《左傳》，藝文印書館。
2. 《穀梁傳》，藝文印書館。
3. 《戰國策》，商務印書館。
4. 《史記》，漢・司馬遷，廣文書局。
5. 《呂氏春秋》，漢・高誘注，藝文印書館。
6. 《淮南子》，漢・高誘注，藝文印書館。
7. 《說苑》，漢・劉向，世界書局。
8. 《新序》，漢・劉向，世界書局。
9. 《老子道德經》，東漢・河上公注，藝文印書館。
10. 《老子》，魏・王弼注，新興書局。
11. 《文子纘義》，宋・杜道堅，中華書局。
12. 《老子億》，明・王道，藝文印書館。
13. 《老子本義》，清・魏源，商務印書館。
14. 《老子校釋》，民國・朱謙之，明倫出版社。
15. 《老子章句新解》，民國・張默生，樂天出版社。
16. 《老子章句新編》，民國・嚴靈峰，中華文化出版事業委員會。
17. 《老子達解》，民國・嚴靈峰，藝文印書館。
18. 《老子今註今釋及評介》，民國・陳鼓應，商務印書館。
19. 《老子研究》，民國・王協，商務印書館。
20. 《老子二鈔》，民國・劉咸炘，藝文印書館。
21. 《老子哲學》，民國・張起鈞，中央文物供應社。
22. 《老子讀本》，民國・余培林註譯，三民書局。

23. 《帛書老子》，民國，河洛出版社。
24. 《老子述義》，民國．封思毅，商務印書館。
25. 《老子韓氏說》，民國．陳柱，藝文印書館。
26. 《老子哲學研究》，民國．王邦雄，中國文化學院哲學研究所碩士論文。
27. 《莊子集解》，清．郭慶藩，世界書局。
28. 《荀子集解》，清．王先謙，世界書局。
29. 《韓非子集解》，清．王先慎，世界書局。
30. 《淮南鴻烈集解》，民國．劉文典，商務印書館。
31. 《中國哲學史大綱》，民國．胡適，商務印書館。
32. 《中國學術思想大綱》，民國．林尹，學生書局。
33. 《中國政治思想史》，民國．蕭公權，中華文化出版事業委員會。
34. 《中國法家概論》，民國．陳啟天，中華書局。
35. 《中國人性論史》，民國．徐復觀，東海大學，商務印書館。
36. 《中國學術名著今釋語譯先秦編》，民國，西南書局。
37. 《先秦政治思想史》，民國．梁啟超，中華書局。
38. 《先秦政治思想》，民國．王雲五，商務印書館。
39. 《先秦文彙》，民國．李曰剛編，中華叢書編審委員會。
40. 《偽書通考》，民國．張心澂，明倫出版社。
41. 《諸子學述》，民國．羅焌，河洛出版社。
42. 《讀子巵言》，民國．江瑔，樂天出版社。
43. 《經子解題》，民國．呂思勉，商務印書館。
44. 《才性與玄理》，民國．牟宗三，學生書局。
45. 《韓非子校釋》，民國．陳啟天，商務印書館。
46. 《韓非子集釋》，民國．陳奇猷，世界書局。
47. 《韓子淺解》，民國．梁啟雄，學生書局。
48. 《韓非子》，民國．唐敬杲選註，商務印書館。
49. 《韓非子選》，民國．王煥鑣，中華書局，聯貫出版社。
50. 〈韓非著述考〉，民國．潘重規，《香港大學五十週年紀念論文集》(二)。
51. 《(述態)《韓非子評論》，民國．胡拙甫，蘭臺書局。
52. 《韓非子研究》，民國．趙海金，正中書局。
53. 《韓非學術思想》，民國．黃秀琴，華僑出版社。
54. 〈韓非思想體系緒論〉，民國．王靜芝，輔大《人文學報》一期。

55. 〈韓非理論條貫〉，民國．王靜芝，輔大《人文學報》二期。
56. 〈韓非法論〉，民國．王靜芝，輔大《人文學報》三期。
57. 《韓非學術原於老子說》，民國．羅宗濤，《師大國研所集刊》第八號。
58. 《韓非子思想體系》，民國．張素貞，《師大國研所集刊》第十五號，黎明文化事業公司。
59. 《韓非子析論》，民國．謝雲飛，大林書局。
60. 《韓非政治哲學之研究》，民國．王邦雄，中國文化學院哲學研究所博士論文。
61. 《管子集斠》，民國．許蓋臣，明倫出版社。
62. 《莊子讀本》，民國．黃錦鋐註譯，三民書局。
63. 《荀子研究》，民國．楊筠如，商務印書館。
64. 《荀子禮論研究》，民國．楊連生，《師大國研所集刊》第十七號。
65. 《列子》，民國．唐敬杲選註，商務印書館。
66. 《淮南子》，民國．沈德鴻選註，商務印書館。
67. 《果庭文錄》，民國．熊公哲，手鈔影印本。
68. 〈反智論與中國政治傳統〉，民國．余英時，《聯合報》六十五年一月十九迄廿六日。
69. 《漢書》，漢．班固，藝文印書館。
70. 《後漢書》，宋．范曄，明倫出版社。
71. 《禮記》，唐．孔穎達疏，藝文印書館。
72. 《四書集註》，宋．朱熹，世界書局。
73. 《左傳會箋》，日．竹添光鴻，廣文書局。
74. 《史記會注考證》，日．瀧川龜太郎，藝文印書館。
75. 《老子王注校正》，日．波多野太郎，橫濱大學。
76. 《增補荀子集解》，日．久保愛、豬飼彥博，蘭臺書局。